Soheila Fors / Ingalill Bergensten

Die Tochter des Emirs

Eine iranische Frau kämpft
um ihre Zukunft

BRUNNEN
Verlag GmbH · Giessen

Titel der schwedischen Originalausgabe:
Kärleken blev mitt vapen

Aus dem Schwedischen übersetzt von Dr. Friedemann Lux

Nachweis der Bibelzitate:
Kapitel 10, S. 65 : Lutherbibel, revidierter Text 1984,
durchgesehene Auflage in neuer Rechtschreibung,

Kapitel 34, S. 222/223: Bibeltext der Neuen Genfer
Übersetzung – Neues Testament und Psalmen.

FSC
www.fsc.org
MIX
Papier aus verantwortungsvollen Quellen
FSC® C083411

Umschlagfoto: Rickard L. Eriksson/New Art Production AB
Umschlaggestaltung: Daniela Sprenger
Satz: Uhl + Massopust, Aalen
Druck: CPI – Ebner & Spiegel, Ulm
ISBN Buch 978-3-7655-4309-8
ISBN E-Book 978-3-7655-7475-7

www.brunnen-verlag.de

Inhalt

Kapitel 1

Zwischen zwei Welten

Es ist Montagvormittag. Ich parke das Auto vor dem grün angestrichenen COOP-Supermarkt in Karlskoga, knapp 200 Kilometer westlich von Stockholm. Leila und ich gehen hinein und sagen, dass wir den Filialleiter sprechen möchten. Ich kenne ihn nur flüchtig, aber er ist schon einmal in unserem Teehaus gewesen. Eine Verkäuferin bringt uns zu ihm. Er trägt Handschuhe und ist gerade dabei, Kartons auf einen Wagen zu laden. Lächelnd begrüßt er mich. „Hallo, Soheila!"

Ein Gedanke schießt mir durch den Kopf: Wie kannst du, die Tochter eines leibhaftigen Emirs, betteln gehen? Dann der nächste: Aber du bettelst ja nicht für dich selbst, sondern für andere. Und ich schlucke meinen Stolz hinunter und antworte: „Guten Tag, Mikael! Ich hoffe, es geht Ihnen gut?"

Ich bedeute Leila mit einem Blick, zu uns heranzukommen. Mikael schaut uns beide fragend an. Rasch komme ich zur Sache: „Diese junge Dame möchte demnächst heiraten. Der Hochzeitsempfang wird in unserem Teehaus stattfinden. Im Nahen Osten lädt man viele Gäste ein, wenn's eine Hochzeit gibt. Ich habe ausgerechnet, wie viel diese Hochzeit kosten wird, und, tja … das Geld reicht einfach nicht. Könnten Sie uns helfen? Wir sind für jede Spende dankbar: Fleisch, Obst, Gemüse, Kaffee – eigentlich alles."

Er schaut mich an und erwidert ohne Umschweife: „Geben Sie mir eine Liste."

Wir schreiben eine Einkaufsliste zusammen, überreichen sie ihm und verlassen, hoch erleichtert, den Markt.

Weiter geht's zum nächsten Supermarkt, zum ICA Maxi. Auch hier heißt der Filialleiter Mikael. Er hört sich mein Anliegen an und überreicht mir einen Blanko-Geschenkgutschein: „Kaufen Sie ein, so viel Sie wollen!"

Voll bepackt mit unseren Einkaufstüten gehen wir zurück zum Auto. Ich frage Leila: „Na, freust du dich?"

„Ich freu mich riesig!", erwidert sie, aber ich spüre, dass die Worte nicht mit voller Überzeugung gesagt sind.

Wir fahren zurück zum Haus Sara, unserem „sicheren Haus" für Menschen, die Opfer oder potenzielle Opfer von Ehrengewalt sind. Hier wohnt Leila seit einer Weile. Im Besprechungszimmer ist Olga gerade dabei, die eine Längswand mit Bildern von schönen, lächelnden Frauen in Volkstracht zu bemalen. Unter ihren geschickten Händen nehmen kurdische, thailändische, russische, japanische und afrikanische Gewänder Form und Farbe an. Eine Schwedin ist natürlich auch dabei; die Hände hat sie selbstsicher in die Seiten gestemmt. „Olga, du bist ja eine richtige Künstlerin!", bricht es aus mir heraus.

Ich gehe in die Küche nebenan, um mir einen Kaffee zu kochen. Leila kauert in einem Sessel. Ihr Zukünftiger, Ahmad, ist gerade dabei, eine Gardinenstange anzubringen. Die beiden sind vor gut zwei Wochen zu uns gezogen. Sie lieben sich, aber ihre Familien sind strikt gegen die Verbindung. Leilas Vater hat bereits ihre Heirat mit einem Cousin in ihrem Heimatland im Nahen Osten arrangiert. Mehrmals hat er schon gedroht, sie umzubringen, wenn sie ihm und der Familie nicht gehorcht. „Wenn du nicht parierst, kriegst du ein Messer in den Hals …"

Ahmad räuspert sich. „Wir müssten eben was mit Ihnen besprechen."

Ich setze mich und frage, worum es geht.

„Wir wissen ja, dass Sie Christin sind", sagt Ahmad, „aber wir wollen nach muslimischem Ritus heiraten. Sind Sie uns dann böse?"

„Warum soll ich euch böse sein?", frage ich.

„Wollen Sie uns wirklich helfen, auch wenn wir zu einer anderen Religion gehören?"

Ich sehe Ahmad an und sage: „Der Gott, den ich kenne, liebt alle Menschen, egal, was für eine Religion sie haben. Ich rufe halt den Mullah an."

Er sieht mich schockiert an. „Sie kennen einen Mullah?"

Leila sieht immer noch nicht richtig glücklich aus, obwohl für alles gesorgt ist: die Hochzeitstorte, das Büfett, die Blumen. Den Brautstrauß wird ihr ein Blumenladen in der Stadt schenken. „Leila, was ist?", frage ich.

Sie sieht mich an, Tränen in den schönen dunklen Augen. „Ich hab immer von einem schönen Brautkleid mit weißer Spitze geträumt!"

Ich sage: „Kein Problem, darum kümmere ich mich." Ich weiß nur noch nicht, wie. Geld können wir ja nicht ausgeben. Wer wird uns helfen?

Aber halt! Natürlich: Niina Laitila aus dem Gemeinderat. Die Frau hat Beziehungen! Also rufe ich sie an und trage ihr unser Problem vor. Eine Stunde später erhalte ich einen Anruf von einem Kommunalpolitiker, der berichtet, dass Niina dabei ist, im ganzen Rathaus Spenden für ein Brautkleid zu sammeln!

Leila bekommt ihr weißes Brautkleid samt Brautkranz im Haar. Es wird ein rundum gelungenes Hochzeitsfest. An die hundert Gäste wünschen dem jungen Paar viel Glück und Segen. Wir bewirten die Festgesellschaft mit Kebab, Grillfleisch, Dolme (gefüllten Weinblättern), Birjani (gebratenem Reis mit Mandeln) und etlichen anderen Leckereien, die die Frauen aus dem Teehaus aus den Zutaten, die die Supermärkte uns geschenkt haben, zubereitet haben.

Wir haben mehrere lange Tische gedeckt; für das Brautpaar hat meine Mitarbeiterin Zahra eine Art Baldachin aus weißen Tüchern und Blumen angefertigt. Wo Liebe ist, gibt es immer eine Lösung.

Zwei Tage nach der Hochzeit steige ich im Ballkleid die Freitreppe zum Königlichen Schloss in Stockholm hinauf. Mein Blick ruht auf dem Schloss, von dem ich schon als Kind gelesen habe, und unwillkürlich muss ich denken: „Ich bin wirklich ein Wanderer zwischen zwei Welten."

Auf das Fest im Schloss folgt wieder der Alltag. Ich bin gerade in der Schießprüfung für meinen Jagdschein, als mein Handy klingelt. Ein Herr vom Sozialamt einer anderen Stadt fragt, ob wir ein zwölfjähriges Mädchen in unserem sicheren Haus aufnehmen können. Sofort, der Fall sei dringend. „Nehmen Sie auch so junge Mädchen? Allein wohnen kann sie nicht."

„Welche Sprache spricht sie?", frage ich. Unter unseren Mitarbeitern sind die meisten Sprachgruppen vertreten.

Der Mann nennt die Muttersprache des Mädchens. Wir einigen uns darauf, dass jemand aus Haus Sara gleich kommen und das Mädchen abholen wird. Am nächsten Tag berichtet die Zwölfjährige uns, dass ihre Eltern sie vor die Wahl gestellt haben: Entweder du heiratest den Mann, den die Familie für dich ausgesucht hat, oder wir werfen dich vom Balkon …

Bei uns ist sie in Sicherheit. Bald zieht eine Pflegefamilie in ihre Wohnung in Haus Sara ein.

Einen Tag, nachdem die Zwölfjährige zu uns gekommen ist, setze ich mich am Nachmittag in den Zug, um zu meinem nächsten Vortrag über „Ehrengewalt" zu fahren. Der drohende Schatten einer Kultur, für die es vom Teufel ist, wenn auch Frauen und Mädchen Rechte haben und beanspruchen, hängt jeden Tag über uns. Ich kann ihn nicht abschütteln; aber ich muss mich weiter dieser Aufgabe, diesem Auftrag widmen, der wichtiger ist als mein Leben.

Das also war eine typische Woche in meinem heutigen Leben. Aber wie bin ich überhaupt zu diesem Leben gekommen? Das möchte ich Ihnen jetzt erzählen.

Kapitel 2

Wer bin ich?

Mein Name ist Mah Doht Soheila Davodian Gilan Kalhor Fors, und in diesem Namen steckt Geschichte – die Geschichte meines Volkes und meine eigene. Jeder Bestandteil meines Namens hat etwas zu erzählen.

Kalhor – das ist der kurdische Stamm im Westiran, an der Grenze zum Irak, den meine Vorväter wie Könige regierten. Die Vergangenheit ist immer noch lebendig in dieser Gegend. Und ich bin darin eine Prinzessin. So bescheinigen es mir vier Sippenälteste aus dem Stamm Kalhor in einem Schriftstück, das ich im Frühjahr 2013 erhielt und das von einem iranischen Notar beglaubigt ist. Das Dokument lässt erahnen, was für eine Reise ich hinter mir habe. Ein Kreis hat sich geschlossen. Einst war ich die Tochter des Emirs, dann wurde ich zur Fußmatte degradiert; jetzt habe ich meinen alten Platz zurückbekommen. Doch vor allem sehe ich mich als Freiheitskämpferin und als eine Frau, die aus dem Bösen, das sie durchgemacht hat, etwas Gutes erwachsen lassen will.

Schon immer bin ich meinen eigenen Weg gegangen. Manchmal war er dornig, manchmal wunderbar. Vor drei Jahren haben ich und der Verein Khatoon das wahrscheinlich erste Frauenteehaus der Welt gegründet. Inzwischen gibt es in drei schwedischen Städten solche Teehäuser, und viele weitere Städte und Kommunen möchten gerne eins haben. Der Verein hat auch ein „sicheres Haus" für von Ehrengewalt bedrohte Männer und Frauen gegründet.

Manchmal kommt es mir vor, als hätte ich hundert Jahre lang fast ebenso viele Leben gelebt: als privilegierte Tochter eines Emirs. Als streitbare Teenagerin. Als jungverheiratete, betrogene Frau in einer Familie, die mich hasste. Als misshandelte Frau in Hedemora in Schweden (Provinz Dalarna). Als Hilfskrankenschwester in Uppsala. Als Unternehmerin in Karlskoga, die das Los von Migrantinnen in Schweden verbessern will.

Um Ihnen zu zeigen, wer ich bin, muss ich weit in die Geschichte zurückgehen. Ich gehöre zu einem sehr alten Volk, den Elamitern, die man heute „Iraner" oder „Kurden" nennt und die seit Urzeiten im Herzen des Nahen Ostens gesiedelt haben. Die Geschichte meiner Familie reicht 2400 Jahre weit zurück. Es gibt auch Stimmen, die behaupten, dass die Kurden von einem anderen Volk abstammen, etwa den ebenfalls uralten Medern.

Vor vier Generationen war mein Ururgroßvater Davood der Emir (also König oder Schah) über ein großes Gebiet rund um die Stadt Gilan e Gharb in der Provinz Kermanschah, wo ich geboren bin. Man nannte ihn Davood-khan und er hatte große Reichtümer. Aber nachdem die Schah-Familie der Pahlewi unseren Stamm als Bedrohung zu betrachten begann, ging das Vermögen verloren.

Es war das Öl, das unser Unglück wurde. Die damaligen Großmächte betrieben einen Machtpoker um die Förderrechte, bei dem sie die verschiedenen Stämme gegeneinander ausspielten. Karge Weideflächen waren plötzlich ein Vermögen wert, mit dem Feudalherren Machtpositionen aufbauen konnten.

Anfang des 20. Jahrhunderts kämpften meine Familie und die künftige Schahfamilie Pahlewi um die Macht im Iran. Unser Sippenoberhaupt Davood-khan wurde „König von Kurdistan" genannt; schließlich stand er an der Spitze des mächtigsten aller kurdischen Stämme, der Kalhor. Iranische Historiker berichten, wie er begann, ein eigenes Land aufzubauen – Kalhoristan. Davood-khan, der auch „Serdar mozafar" („Der Unbesiegbare") genannt wurde, hatte zahlreiche kurdische Stämme vereinigt und eine eigene Armee aufgebaut.

Als Persien im Ersten Weltkrieg in die große Politik hineingezogen wurde, setzte Deutschland auf unsere Familie, England und Russland dagegen auf die Pahlewis. Mithilfe deutscher Berater konnte Davood in der Schlacht von Kermanschah die Briten und Russen besiegen. Danach zog er sich nach Kurdistan zurück, wo er nach 30 Regierungsjahren starb.

Sein Sohn, Emir Suleyman, wurde ganze 28 Jahre alt. Man erzählt sich viele Geschichten über ihn. Er war dafür bekannt, dass er seinen Untergebenen keine schriftlichen Befehle schickte, sondern stattdessen Steine, deren Botschaft die Empfänger sofort verstanden und befolgten. Auf einem alten Foto beeindrucken mich seine durchdringenden Augen und der mächtige Schnurrbart.

Als der damalige Chef des Pahlewi-Clans einen Feldzug gegen den Irak begann, bereitete Suleyman einen Hinterhalt vor, um ihn zu töten. Aber einer seiner eigenen Stammesbrüder verriet ihn und der Plan misslang. Es gelang den Pahlewis, die Cousine meines Urgroßvaters zu kaufen – und sie hat Suleyman ermordet.

Als die Pahlewis an die Macht gekommen waren, musste unsere Familie ins Exil, in die Wüsten des Zentral-Iran. Erst als man sie nicht mehr als Bedrohung betrachtete, durfte sie zurück in ihr angestammtes Gebiet. Mein Vater, Ghodrat, heiratete mit 27 Jahren eine Cousine namens Forough. Die Hochzeit dauerte 17 Tage und auf den Bildern sieht meine Mutter wie ein Traum aus weißen Federn und Schleiern aus. Mein Vater war nicht minder elegant; er sah aus wie eine iranische Version von James Dean. Er ist der Mensch, der mich in meinem Leben am meisten geprägt hat.

In meiner Kultur hatte eine Frau so viel Freiheit, wie ihr Mann ihr gönnte. Es gab einzelne starke Frauen aus der Herrscherfamilie, die in der Gesellschaft etwas darstellten, weil sie aus der „richtigen" Familie kamen und Intelligenz, Charme, Schönheit und Führungsqualitäten besaßen; zwei dieser starken Frauen waren meine Urgroßmutter väterlicherseits, die Große Badr, und meine Großmutter mütterlicherseits.

Mein Vater wollte, dass ich einmal diesen starken

Frauen gleichen sollte. Er erzog mich zu einem Leben, das es in den 1960er-Jahren in Kurdistan eigentlich nicht gab: zum Leben einer Frau, die genauso viele Möglichkeiten hatte, zu träumen und etwas aus sich zu machen, wie ein Mann.

Später habe ich verstanden, dass diese Freiheit für mich nur möglich war, weil ich eine Emirstochter war. Die Gesellschaft um mich herum hatte ganz andere Werte, aber dank der Macht und des Ansehens meiner Familie konnte ich auf meiner Insel der Freiheit leben.

Schon als Kind empörte es mich jedes Mal, wenn mir, weil ich ein Mädchen war, etwas verboten wurde, was Jungen fraglos gestattet war. Warum durften sie Rad fahren und schwimmen und ich nicht? Warum war alles, was weiblich war, schändlich und sündig, aber alles, was männlich war, lobenswert?

Die Freiheit, die ich genoss, war ein Geschenk meines Vaters. Er war die große Lichtgestalt meiner Kindheit.

Kapitel 3

Der Tag, an dem sie Papa holten

„Lasst meinen Papa los! Lasst ihn hier!"

An einem Herbsttag im Jahre 1971 fuhr ein grünes Militärauto in unseren Hof. Es war die gefürchtete Geheimpolizei des Schahs, die Savak. Sie kamen, um meinen Vater zu verhaften. Wieder einmal. Mein Vater ging hinaus, um mit ihnen zu reden. Es entwickelte sich eine heftige Diskussion. Papa wurde ausnahmsweise richtig laut, und meine Schwester und ich merkten, was da los war. Die wollten unseren Vater mitnehmen!

„Ihr bleibt hier!" Wir kümmerten uns nicht um den Befehl unserer Mutter und der Tanten, sondern rannten hinaus. Meine große Schwester klammerte sich an unseren Vater. Ich schrie einen Beamten an und riss an seinem Hosenbein. Da schaute mein Vater mich an, und der Blick genügte; ich ließ das Bein los.

Meine Schwester war damals acht Jahre alt, ich vier. Wir standen auf der Eingangstreppe unseres Palastes. Ich nahm die Hände meines Vaters, zeigte auf die Handschellen, die sie ihm angelegt hatten, und fragte: „Papa, was sind das für Männer und warum machen die das? Was wollen die?"

Mein Vater erwiderte, die Stimme warm wie immer: „Du bist stark und tapfer. Jetzt musst du ein tüchtiges

Mädchen sein und auf Papa warten, bis er wiederkommt."

Unsere Mutter begann hysterisch zu schreien. Auch mich schrie sie an. Und ich stand wie festgewurzelt vor unserem Haus und sah zu, wie sie mit meinem Papa davonfuhren.

Es sollte vier Jahre dauern, bis er zurückkam. Die ersten neun Monate wussten wir nicht einmal, ob er noch lebte.

An dem Tag, an dem sie meinen Vater holten, ging die Sonne in meinem Kinderleben unter. Papa bedeutete so viel für mich. Er gab mir so viel Liebe. Und Zeit. Ich habe schon erwähnt, dass er mich ganz anders erzog, als die meisten anderen kurdischen oder iranischen Väter das getan hätten. In unserer Kultur waren Mädchen nur halb so viel wert wie Jungen, in allen Lebensbereichen, vom Erben bis zu der Art, wie man von der Familie behandelt wurde. Mädchen – das waren die Fußabtreter, auf denen die Jungen herumtrampeln durften. Die Brüder eines Mädchens durften es ungestraft schikanieren, ja sogar schlagen, wenn sie fanden, dass es das verdiente. Immer bestimmten andere über sein Leben. Die Eltern entschieden, wann ein Mädchen heiratete. Und wen. So war das damals, und so leben viele dieser Mädchen noch heute, sogar in Schweden.

Mein Vater dagegen wollte, dass ich einmal eine selbstständige, mutige Frau würde. Er ließ mich in meinen geliebten roten Trägerhosen herumlaufen, und wenn ich das Haar kurz geschnitten haben wollte –

bitte sehr. Meine Mutter hatte da ganz andere Ansichten.

Alle Menschen sahen zu meinem Vater auf. Er hatte eine natürliche Autorität. Man achtete ihn, viele hatten sogar Angst vor ihm. Ich hatte nie Angst und ich wusste: Ich konnte jederzeit und mit allem zu ihm kommen. Oft schickten meine Geschwister mich vor, wenn sie sich nicht trauten, ihm ein Anliegen selbst vorzutragen.

Ich war das vierte Kind in unserer Familie. Die Ältesten waren meine beiden Brüder Siamak und Tahmorez, die acht bzw. neun Jahre älter waren als ich. Danach kamen meine Schwester Sepide und ich. Meine kleine Schwester Maryam wurde 1975 geboren, nachdem Papa aus dem Gefängnis entlassen worden war.

Meine Eltern waren grundverschieden. Meine Mutter war eine ungebildete Frau, kam aber aus einer guten Familie, die mit der unseren nah verwandt war. Mein Vater war ein westlich orientierter, sehr gebildeter Mann aus kurdischem Königsgeschlecht. Die Ehe zwischen den beiden war schon arrangiert worden, als sie noch Kinder waren; so war das damals und ist es manchmal noch heute.

Während Mama eine fromme Schiitin war, lachte mein Vater über alles, was mit Religion zu tun hatte. Auf seinen großen Festen gab es Wein und Whisky zu trinken. Er war in unserem Stamm hoch angesehen, und man nannte ihn den Emir von Kalhor.

Papa war stets sorgfältig gekleidet; oft trug er

einen Anzug und passenden Schlips. Er war groß und schlank und hatte eine Frisur, die damals, in den 1960er-Jahren, beliebt war, mit zurückgekämmten Stirnlocken und Koteletten. Viele Frauen fanden ihn schön und mochten sein Lächeln, sein Kinngrübchen und seine männlich tiefe und doch warme Stimme.

Man spürte sofort seine Ausstrahlung, wenn er einen Raum betrat. Ich bewunderte meinen Papa enorm. Ich fand ihn richtig fein und prachtvoll und nahm mir schon bald vor, jemand zu werden, auf den er stolz sein konnte.

Dass um 1970 herum mein Vater und andere Männer in der Sippe verhaftet wurden, hing wohl mit Davoud, meinem Onkel väterlicherseits, zusammen. Er hatte Anfang 1967 den Iran verlassen und war in den Irak gegangen. In Bagdad war er im Gefängnis gewesen und hatte dort einen Mitgefangenen namens Saddam Hussein kennengelernt. Als Saddam an die Macht kam, gab er meinem Onkel hohe Posten in der Verwaltung. Doch schon bald wurde Saddams Verfolgungswahn immer stärker, und eines Tages, mitten in einer Besprechung, schoss er auf meinen Onkel. Er traf ihn ins Bein. Davoud floh nach Frankreich, wobei ihm unter anderem François Mitterand behilflich war. Die politischen Nachwehen von Davouds Seitenwechsel trafen auch unsere Familie im Iran; fast alle männlichen Familienmitglieder wurden in einem gefürchteten Gefängnis in Teheran inhaftiert.

Kapitel 4

Gefängnisjahre

Ich weiß noch, wie wir unseren Papa das erste Mal im Gefängnis in Teheran besuchen konnten. Da lag seine Verhaftung schon bald ein Jahr zurück. Die Anreise dauerte über 14 Stunden. Erst fuhren wir mit dem Auto nach Kermanschah, dann ging es, zusammen mit etwa vierzig weiteren Verwandten, die ebenfalls das Oberhaupt der Sippe besuchen wollten, in einem Bus weiter. Ja, das war die Solidaritätskultur, in der ich aufgewachsen bin.

Ich war fünf Jahre alt und würde jetzt also endlich meinen geliebten Papa, mein großes Idol, wiedersehen. Ich war natürlich mordsgespannt; die langen, engen Gefängniskorridore schienen kein Ende nehmen zu wollen.

Dann betraten wir endlich das Besuchszimmer. Aber Papa war gar nicht in dem Besuchszimmer, sondern in einem Nebenraum, und zwischen uns war ein hässliches Gitter. Es durften immer nur zwei Personen zu ihm. Ich ging zusammen mit Mama. Ich war außer mir, als ich ihn hinter dem Gitter sah. Ich schrie und trat gegen das Gitter. Meine Eltern versuchten beide, mich zu beruhigen. „Was hat sie nur?“, fragte mein Vater.

„Sie ist halt ungezogen, kümmere dich nicht um sie“, antwortete meine Mutter.

Aber ich war nicht ungezogen. Ich war völlig durcheinander. Konnte mein Papa denn nicht alles? Und jetzt erlebte ich diese Szene. Warum riss er dieses Gitter nicht einfach heraus und kam zu uns? Ich verstand die Welt nicht mehr.

Meine Eltern unterhielten sich leise und ich merkte, wie Zorn und Hass in mein Herz strömten. Das hier – das war ungerecht! Ich fing an, alle Polizisten zu hassen. Es war ein Hass, der mich viele Jahre verfolgen sollte, bis zu der großen Wende in meinem Leben. Da war ich bereits 31. Der bloße Anblick einer Polizeiuniform ließ mir übel werden.

Ich saß auf dem harten Stuhl vor dem Gitter und dachte: „Wie haben die den schönsten und freundlichsten Menschen in der ganzen Welt ins Gefängnis stecken können?"

Heute, wo ich längst erwachsen bin, verstehe ich, warum die Schahfamilie Pahlewi alle Männer in meiner Familie hinter Schloss und Riegel setzte. Ein Grund war die Geschichte mit meinem abtrünnigen Onkel Davoud, ein anderer, dass die Pahlewis uns als Bedrohung für ihre Herrschaft im Land betrachteten. Es war allgemein bekannt, dass mein Vater der Meinung war, dass sie das Land zugrunde richteten; folglich war er ein Staatsfeind. Und dann noch die Sache mit dem Kampf des Urgroßvaters meines Vaters gegen den Vater des jetzigen Schahs. Eine Zeit lang versuchte der Schah, meinen Vater zu „kaufen", indem er ihm diverse hohe Regierungsposten anbot. Als mein Vater sich nicht ködern ließ, verhaftete er ihn schließlich.

Die Verhaftungswelle war eigentlich nur der Höhepunkt in einer jahrelangen Kampagne. Bereits 1969 hatte der Staat große Teile des Grundbesitzes, den mein Vater von seinem Großvater, Emir Suleyman, geerbt hatte, konfisziert. Es handelte sich um große Ländereien und Jagdreviere im Zagrosgebirge im West-Iran, also dem iranischen Teil von Kurdistan. Unsere Familie musste auch ihren Palast verlassen. Ich war damals noch sehr klein, sodass ich diese Dinge nur vom Hörensagen kenne.

Wir zogen damals in ein palastähnliches Anwesen um, das meine Mutter von ihrer Mutter geerbt hatte. Das Haus war sehr groß und weiß verputzt. An der Vorderseite führte eine breite Treppe zu einer überdachten Veranda hinauf; das Dach wurde von Säulen getragen. Wie die meisten anderen iranischen Häuser aus jener Zeit hatte auch unseres nur ein Stockwerk; darüber kam das Flachdach, das im Sommer oft als Schlafzimmer diente. Das ganze Gebäude hatte die Form eines „E“ ohne den mittleren Querstrich. Etwas zur Seite lag das Wirtschaftsgebäude mit der Küche und großen Vorratsräumen, wo Trockenvorräte wie Zucker und Reis lagerten und auf Regalen Eingemachtes und Saft. In einem besonderen Raum wurden Lämmer, Kälber und Hähnchen geschlachtet. Da wir keinen Kühlschrank hatten, musste alles, was geschlachtet und zubereitet wurde, alsbald gegessen werden. Das wussten die ärmeren Stadtbewohner, sie wussten auch, dass mein Vater großzügig war, und so stand oft eine kleine Schlange vor dem Wirtschaftsgebäude und wartete auf eine ordentliche Mahlzeit.

Mit bei uns wohnten meine Großeltern väterlicherseits sowie eine von Papas Schwestern. Mit dem Umzug vollzog sich auch ein Machtwechsel; jetzt hatte nicht mehr Großmutter das Sagen im Haus, sondern meine Mutter, denn es war ja ihr Haus. Ich weiß noch gut, dass es Großmutter nicht besonders schmeckte, nur noch die zweite Geige zu spielen. Vorher war sie die Herrin gewesen, jetzt war sie ein zusätzlicher Esser. In unserer Tradition übt die Schwiegermutter durch ihre Söhne wirklich Macht aus; jetzt wurde alles anders für Oma.

Meine zweite Oma – Gohar, die reiche und mächtige Mutter meiner Mutter – sorgte dafür, dass wir genug Dienstboten hatten, als wir Papas Dienstpersonal nicht mehr halten konnten. Wir litten (jedenfalls äußerlich) nie Not in den Jahren, als mein Vater, sein Vater, seine Brüder und diverse andere Verwandte in Haft saßen. Im Stamm Kahor wurde die Loyalität gegenüber dem Emir und seiner Familie großgeschrieben, sodass wir oft Zuwendungen von Bekannten und sogar Fremden bekamen.

Als Kind kann man sich nicht vorstellen, dass die Eltern finanzielle Probleme haben, aber meine Mutter hatte sie. Sie löste sie durch den Verkauf unserer Silberteller, Silberschalen und Silberbestecke. Selbst der Spiegel mit Silberrahmen in meinem Zimmer „verschwand“ eines Tages. Es wurde immer leerer in den Schränken in unserem Haus.

Die vier Jahre ohne meinen Vater waren ein einziger Albtraum für mich. Ich vermisste ihn ständig. Mit sechs Jahren lernte ich lesen. Jetzt saß ich oft in Papas Bibliothek und las seine Bücher. Die Bibliothek war ein kühler, angenehmer Raum. Die Bücherregale an den weiß gekalkten Wänden reichten vom Fußboden bis zur Decke.

Mit der Zeit las ich alles, was mir vor die Finger kam: Geschichte, Gedichte, wissenschaftliche Bücher über den menschlichen Körper und jede Menge Romane. Besonders mochte ich die russischen Romanciers; einer meiner Lieblinge wurde Tolstoj. Manchmal ging ich auch mit einem Buch hinaus in den Garten, legte mich unter einen Baum und vertiefte mich in die Geschichte.

Meine Mutter war, gelinde gesagt, nicht erfreut über meine Lesewut. „Wenn du so weitermachst, wirst du noch wahnsinnig! Du wirst komisch im Kopf werden und kein normaler Mensch! Lerne lieber nähen, stricken und kochen, damit eine richtige Frau aus dir wird!“

Aber genau das hatte ich nicht vor. Frauenbeschäftigungen interessierten mich überhaupt nicht. Stattdessen war ich schon als Kind ganz verrückt auf Waffen – eine Leidenschaft, die geblieben ist; vor einiger Zeit habe ich meine Jagdprüfung gemacht und warte jetzt auf meine erste richtige Jagd.

Die schöne Waffensammlung meines Vaters wurde vom Schah-Regime konfisziert, aber die Bücher waren noch da und mittels der Schätze aus der Bibliothek konnte ich um die ganze Welt reisen. Ich stellte auch fest, dass hinter jedem Buch eine eigene Welt liegt, die nur auf ihren Entdecker wartet. Nein, meine Mutter irrte sich. Die Bücher machten mich nicht wahnsinnig; wahrscheinlich haben sie mich sogar vor dem Wahnsinn gerettet. Mit sieben Jahren schrieb ich mein erstes Gedicht; es handelte von den Sternen.

In den Jahren, in denen Vater im Gefängnis war, wurden wir ständig von der Geheimpolizei des Schahs, der Savak, überwacht. Viele trauten sich nicht, uns zu besuchen, denn dann mussten sie damit rechnen, dass die Polizei sie anschließend verhörte und wissen wollte, was sie bei uns gemacht hatten. Ich weiß noch, wie einmal spätabends die Polizei auftauchte und sämtliche Matratzen, Kissen und Sofas aufschnitt, sodass sich die Federn überall auf dem Boden verteilten. Sie suchten nach Waffen. Am liebsten hätte der Schah meinen Vater wohl hinrichten lassen; aber das wagte er nicht, da er so populär war.

Als mein Vater dann nach den vier Jahren zurückkam, wurde er an der Stadtgrenze von Gilan e Gharb von Tausenden Bürgern empfangen. Sie nannten ihn „Richard Löwenherz"; die Berichte über seine Standhaftigkeit in der Folter waren weit über die Tore des Gefängnisses hinausgedrungen. Man schrieb Gedichte und Lieder über ihn und in meiner alten Heimat werden sie zum Teil heute noch gelesen und gesungen.

Als Papa wieder da war, wollte ich ihn erst keine

Minute aus den Augen lassen. Ich hatte solche Angst, dass sie ihn wieder abholen würden. Er verstand mich und ließ es geschehen, dass ich ihm wie ein Hündchen folgte.

Wenn er Gäste hatte, saß ich oft auf seinem Knie oder lag über seiner Schulter, und auch das erlaubte er mir. Er war voller Liebe zu mir und ließ mich das sein, was ich war: ein kurdisches Mädchen, das anders war, ein richtiger Wildfang. Heute noch ist meine Kopfhaut voller Narben, Spuren von den vielen Prügeleien mit meinen Cousins.

Mein Vater bestärkte mich in meinem Wissensdurst und nahm sich Zeit, meine vielen Fragen zu beantworten. Oft rezitierte er Gedichte, die er auswendig konnte, und er machte mir Mut, nur recht viel zu lesen.

Selbst wenn er mit anderen Stammesführern zusammensaß und über politische Themen diskutierte, war ich dabei und hörte der Unterhaltung zu. Ich verstand nicht alles, aber doch so viel: Die Art, wie der Schah das Land regierte, gefiel diesen Männern ganz und gar nicht.

Kapitel 5

Tote Fledermäuse und warme Fladenbrote

Morgens wurde ich immer als Erste wach. Nun ja, natürlich nicht vor den Dienern, aber doch eher als meine Eltern und Geschwister.

Mein Zimmer lag am einen Ende des Palastes. Es war sehr groß, wie alle Räume des Hauses. Mein Bett war breit und altmodisch. Es hatte ein Fuß- und Kopfende aus Eisen und die Bettpfosten waren von schönen Kupferknaufen gekrönt. Wenn ich aus dem Bett sprang, landete ich mit den Füßen auf einem weichen Perserteppich. Auf dem Bett selbst lag eine leuchtend blaue Tagesdecke aus Samt mit Rosenstickereien. Kürzlich entdeckte ich in der Stadt eine Bettdecke, die mich an die aus meiner Kindheit erinnerte, und ich musste sie einfach kaufen!

Draußen vor dem großen Bogenfenster meines Zimmers stand eine mächtige Dattelpalme. Oft saß ich in der breiten Fensternische und redete mit der Palme: „Wie kannst du so süße Früchte tragen?" Ich redete auch mit dem Wind: „Wo kommst du her? Kannst du mich mitnehmen auf deine Reisen?" Ich redete mit den Sternen, mit den Vögeln, mit allem, was ich sah. Ich redete sogar mit Gott: „Wie hast du es geschafft, das alles zu machen?"

Eines Tages, als ich wieder so redete, kam meine Mutter vorbei. Sie schrie: „Jetzt redet sie schon mit den Dschinnen!" (Dschinne sind böse Geister, die eine große Rolle im Volksislam spielen.)

Ahmad Dras, unser Gärtner, der gerade vorbeikam, kommentierte: „Kein Wunder, sie ist ja selber ein Dschinn!"

Ich legte voll Wut einen Stein in meine Schleuder. Der Gärtner sah es und ergriff die Flucht. Der Stein verfehlte ihn um Haaresbreite.

Als ich ein Kind war, hatte ich den Eindruck, dass die ganze Welt mit mir redete. Wenn ich zur Zimmerdecke hochsah, schien sie zu sagen: „Du musst immer ein Ziel haben." Wenn ich das Fenster ansah, sagte dieses: „Wenn die Tür zu ist, nimmst du einfach mich." Der Spiegel sagte: „Sei ein Original, sei du selbst. Dein größter Feind bist du selbst." Die Teppiche wollten, dass ich auf ihnen niederkniete: „Komm und bete deinen Schöpfer an." Worauf ich antwortete: „Das kann ich nicht, erst muss ich ihn kennenlernen. Warum kommt er nicht zu mir?" Das Bett flüsterte: „Komm und ruh dich aus, es hat keine Eile."

Neben meinem Zimmer war das sogenannte Gästezimmer, das man in Europa eher Wohnzimmer oder Salon nennen würde. Hier empfing mein Vater wichtige Gäste und hier saß man stundenlang zum Essen zusammen. Die Tische waren niedrig; man saß auf großen, prachtvollen Kissen am Boden. Eigentlich war es fast mehr ein Liegen als ein Sitzen.

An den Wänden des Salons prangten Gemälde, die Papas Großvater, den großen Emir Suleyman, zeigten. Besonders in Erinnerung ist mir ein Bild, das ihn auf einem Pferd mit goldenen Behängen zeigt. Seine eigenen Kleider sind ebenfalls mit Gold bestickt, und auch der Degen ist vergoldet. Die Möbel in dem Zimmer waren aus dunkler Eiche, die Stuhlpolster aus dunkelrotem Samt mit Rosenmustern. Nicht weniger als zwölf Türen führten aus dem Salon nach draußen auf einen großen überdachten Altan an der Vorderseite des Gebäudes. Es war wirklich wie in einem Schloss.

Das nächste Zimmer war Mamas Schlafzimmer. Aber ich ging nie zu ihr, wenn ich morgens aufwachte und hungrig war. Stattdessen lief ich nach draußen und über den sauber geharkten Sand des Hofes in das Wirtschaftsgebäude, wo unsere Bäckerin, Ghazale, bereits den Ofen angeheizt hatte und dabei war, Brot zu backen, das sie auf einem niedrigen runden Tisch mitten auf dem Fußboden knetete und ausrollte. In der Küche war es das ganze Jahr warm – auch menschlich warm. Es herrschte ein ständiges Kommen und Gehen; Menschen erzählten hier von den kleinen und großen Dingen in ihrem Leben und ich saß dabei und sog alles in mich auf wie ein Schwamm.

Ich liebte Ghazales frische Fladenbrote, vor allem die dicken, noch warmen Weizenfladen, die so wunderbar dufteten. Mein Frühstück bestand meistens aus einer Tasse Tee, etwas selbst gemachtem Käse und frischem Brot mit Marmelade.

Ja, die Marmeladen ... Mir läuft heute noch das Wasser im Mund zusammen, wenn ich daran denke. Am meisten mochte ich die Kirschmarmelade, aber die selbst gemachten Feigen- und Aprikosenmarmeladen waren auch nicht übel. Ähnliche Marmeladen kann man auch in Schweden kaufen. Die hellgelbe Orangenblütenmarmelade, die die Dienerinnen machten, habe ich allerdings seit meinem Wegzug aus Gilan e Gharb nie mehr gegessen. Aus den Orangenblüten machte man auch einen Saft, der wie der Himmel schmeckte und wie süßes Parfüm roch.

Auf das Brot strichen wir Butter. Es war selbst gemachte Butter, die oft aus einem der alten, vom Staat konfiszierten Besitztümer meines Vaters stammte und die ein Gast als Geschenk mitgebracht hatte. Wenn wir morgens die Haustür aufmachten, lag draußen davor manchmal ein ganzer Berg von Geschenken an den Emirs-Enkel, den Prinzen von Kalhor. Besonders in den Jahren, wo Papa im Gefängnis war, kam das häufig vor. Wir fanden dort alles, was man nur zum Leben brauchen konnte, von Säcken mit Reis bis zu Ziegen und Kühen. Den Führer seines Stammes vergaß man nicht; so war das einfach.

Bevor sie anfing, den Teig zu backen, den sie am Abend zuvor zum Gehen hatte stehen lassen, machte Ghazale sich immer erst einen Tee. Wenn ich wollte, bekam ich auch eine Tasse. Meiner Mutter gefiel es nicht, dass ich mich so viel bei der Dienerschaft aufhielt. Aber ich mochte diese Menschen; sollte Mama doch denken, was sie wollte. Durch diese Kontakte lernte ich etwas über das Leben „draußen“ kennen und wie verschieden das Leben der Menschen sein konnte. Und dafür bin ich heute noch dankbar.

Damals, als Kind, dachte ich natürlich nicht darüber nach, dass Ghazale jeden Morgen schon um vier, fünf Uhr aufstehen musste, damit unsere Familie frisches Brot zum Frühstück hatte. Ich genoss einfach die gemütliche Atmosphäre der Küche und den Duft des Weizenbrotes, das über dem offenen Feuer gebacken wurde, auf einem großen runden Eisenblech auf einem der sechs Herde in der Küche. Diese Brotbackstunden gehören zu meinen schönsten Kindheitserinnerungen.

Oft gab Ghazale mir ein wenig Teig, den ich selbst ausrollen konnte, und bald ging ich bei ihr in die Brotbacklehre. Noch heute beherrsche ich die Kunst, gutes persisches Brot zu backen, und ich freue mich riesig, dass der Verein Khatoon eine Bäckerei gegründet hat, wo Frauen aus meinem Teehaus-Projekt ihre Kunstfertigkeit im Brotbacken unter Beweis stellen können. Das Brot, das dort gebacken wird, erinnert mich sehr an die köstlichen Fladenbrote aus meiner Kindheit.

Wenn ich fertig gefrühstückt hatte, ging ich in den Wald. Ja, der Garten, der unseren Palast auf allen Seiten umgab, kam mir wie ein Wald vor, so groß war er. Hier gab es einen Orangenhain und Dattelpalmen und Maulbeerbäume und hundert aufregende Orte für ein neugieriges Kind. Ganz hinten waren hohe Brombeerhecken, und hinter den Hecken Mauern mit Türen, die auf das Nachbargrundstück führten, wo Verwandte meiner Mutter wohnten.

Ich mochte es, halb nackt, nur in meinen Unterhosen, durch den Park zu stöbern. Meine Mutter fand das unerhört. Und nicht nur sie, sondern auch alle anderen. Ich kümmerte mich nicht darum und die anderen beschlossen, dass ich nicht ganz normal war, was ja vielleicht auch stimmte.

Ich hatte auch gerne tote Tiere in meinen Hosentaschen; es machte mir Spaß, die Leute mit Schlangen und Fledermäusen zu erschrecken. Vor allem die Frauen gerieten in Panik, kreischten und bewarfen mich mit Geldmünzen, damit ich ihnen nicht zu nahe kam mit meinen Tierkadavern. Mein Vater lachte nur und sagte: „Ja, so ist mein Mädchen."

Ich ging meinen eigenen Weg, damals wie heute. Meine Brüder machten nie mit bei meinen Spielen, auch nicht meine vier Jahre ältere Schwester. Also spielte ich meistens allein.

Ich hatte als Kind viel Fantasie und war gut darin, mir eigene Spiele auszudenken, nur für mich selbst. Als Material benutzte ich das, was unser Park hergab – Steine aus dem Bach und Lehm vom Uferschlamm. Durch unseren Garten lief ein Seitenarm des Flusses. Ich höre heute noch sein Plätschern und rieche den Duft der Rosen, die mein Vater züchtete, und der Blüten der Orangenbäume.

In dem Garten, nicht weit von unserem Palast, hatte ich ein kleines Ziegelhäuschen, das einer der Baumeister gebaut hatte. In Schweden würde man es ein Spielhaus nennen. Drinnen gab es einen kleinen Teppich, Spitzengardinen an den Fenstern und auf dem Teppich rote, blaue und grüne Samtkissen. Da das Häuschen keinen Herd hatte, hatte ich mir draußen, ganz allein, aus Steinen und Lehm einen gebaut.

Um mein Spielhaus herum hatte ich einen kleinen Gemüsegarten angelegt, in dem ich Saubohnen, Petersilie, Dill, Minze, Kartoffeln und Erbsen anbaute. Auf dem Herd kochte ich daraus meine eigenen Mahlzeiten. Dank des warmen Klimas gab es pro Jahr mehrere Ernten. Eingefriedet hatte ich meinen Garten mit einem improvisierten Zaun aus Holzstücken und Zweigen.

Zum Bewässern benutzte ich das Wasser aus dem Fluss, der bei meinem kleinen Haus eher ein Bach war. An seinem Ufer wuchs wilde Minze und etwas, dessen Blätter wie Senf schmeckten.

Der Boden unter den Bäumen bestand meist aus Sand oder Kies und nicht aus Gras wie in Nordeuropa. Gras gedieh nicht gut in unserem heißen Klima. Aber unter dem Kies versteckten sich köstliche Pilze, die wir emsig suchten: weiße Trüffeln.

Manchmal fing ich Vögel, die ich dann in einen Käfig setzte und fütterte oder auch an Verwandte verkaufte. Ich besaß auch meine eigene kleine Ziege, die ich selber melken konnte. Ebenfalls Gesellschaft bei meinem Spielhaus leistete mir ein schwarzer, labradorähnlicher Hund, der als Welpe zu uns gekommen war. Er hieß

Aref und ich mochte ihn und streichelte ihn gerne – aber nur, wenn keiner zuschaute, denn in unserer Kultur waren Hunde „unrein“ und man durfte sie nicht berühren.

Das Spielhaus war mein eigenes Reich und ich ersann komplizierte Fantasiegeschichten, in denen ich die Königin Sofia war, die ihren eigenen Hof mit vielen Soldaten hatte (meine waren aus Lehm). Wenn die Diener mich zum Essen ins Haus riefen, riss ich mich widerwillig aus meinem kleinen Reich los und trottete zu den anderen.

Bis ich in die Schule kam, war ich ständig draußen. Der Garten war mein Reich und meine Spielwiese. Außer in den Wochen, die wir jeden Sommer im Schloss meiner Großmutter mütterlicherseits verbrachten, das in den Bergen zwischen Gilan e Gharb und Kermanschah lag. Dort war es im Sommer kühler, sodass die gesamte Sippe – alle Schwestern von Mama samt ihren Familien – in Goherabad zusammenkam. Wir müssen um die hundert Personen gewesen sein und mehrere Wochen lang hatte ich Spielkameraden – meine Cousins und Cousinen. Vor allem aber lernte ich dort meine Oma Gohar kennen. Sie war eine Frau, die ich mir früh zum Vorbild nahm.

Kapitel 6

Von Gärtnern, Kaffeekochern und Köchen

Unser Haus war sehr groß und hatte zwei Gärten – einen vorne und einen hinten. Vorne gab es jede Menge von Sand eingefasster Blumenbeete. Mein Vater liebte Blumen, besonders Rosen, die er zu Hunderten gepflanzt hatte. Wir hatten, wie gesagt, einen Gärtner, aber um seine Rosen kümmerte Papa sich selbst.

Unser Gärtner, Ahmad Dras, war gut zwei Meter groß. Mit seiner großen Nase, dem langen Bart und dem Turban war er ein richtiges Original, fand ich. Ahmad war vor allem für die Obstbäume verantwortlich – die Mandelbäume, Granatapfelbäume, Walnussbäume, Dattelpalmen, Pfirsichbäume, Aprikosenbäume, Birnbäume, Zitronen- und Orangenbäume, Apfelbäume und Maulbeerbäume.

Mich mochte er überhaupt nicht. Meine Geschwister durften gern in den Garten, aber sobald er mich sah, wurde er böse, was wohl daran lag, dass ich mich nicht so benahm, wie ein braves Kurdenmädchen das zu tun hatte. Wie konnte ich nur in Hosen und mit kurz geschnittenem Haar herumlaufen? Schamlos! Und frech war ich auch noch. Manchmal nahm er drohend seine Steinschleuder in die Hand, wenn er mich im Garten sah.

Nein, Ahmad Dras war nicht mein Freund. Aber dafür der Koch, Mardan, und seine Frau, Valie, bei denen ich mehr oder weniger aufwuchs. Valie hatte mich gestillt, als ich noch ganz klein war, und ihre Mutter war die Amme meines Vaters gewesen. Die Bande zwischen der Familie unseres Kochs und unserer eigenen bestanden seit Generationen; sie waren wie Verwandte für uns – fand ich jedenfalls.

Ich liebte Papas Koch und saß oft auf seinen Schultern, während er arbeitete. In meiner Kindheit waren die Köche meistens Männer, denn die Arbeit in der Küche war schwer. Die großen Töpfe aus Kupfer oder Messing hatten ihr Gewicht. In Reih und Glied standen sie auf dem Küchenboden und an den Wänden hingen große runde Messingtabletts, auf denen das Essen serviert wurde. Man stellte sie auf den Fußboden und drei oder vier Personen setzten sich darum herum und aßen von dem Tablett.

Die Gerüche aus dieser Küche habe ich heute noch in der Nase. Der kiloweise frisch geschnittene Knoblauch, der gemahlene Pfeffer, das Lammfleisch, das an langen Spießen serviert wurde …

Besonders gern mochte ich Mardans Joghurtbrei, der aus Hähnchenfleischstücken, Joghurt, Safran und Reis bereitet wurde. Was ich über die persische Küche weiß, habe ich alles bei Mardan gelernt; er hat einen wichtigen Platz in meinem Leben.

Als Papa im Gefängnis war, konnten wir uns Mardan nicht mehr leisten und er zog mit seiner Familie in ein eigenes Haus um. Aber wir blieben in Kontakt mit ihm, und wenn es bei uns ein Fest gab, kam er und half aus; ansonsten arbeitete er in einem Hotel. Manchmal kam er auch und brachte uns Lebensmittel.

Bei uns blieben Mamas Koch sowie ein Mann, der unser Kaffee- und Teekocher war; ihre Mutter hatte ihn ihr zu ihrer Hochzeit geschenkt. In unserem Haus musste ständig Tee bereitstehen, für die Familie wie für eventuelle Gäste. Die Kanne mit dem starken schwarzen Tee stand auf einem großen Samowar mit heißem Wasser. Zum Trinken verdünnte man den Tee mit dem Wasser. Wir tranken ihn aus hohen schmalen Gläsern mit vergoldeten Verzierungen.

Unser Tee- und Kaffeekocher hatte besonders viel zu tun an den Donnerstagen. Dann empfing meine Mutter immer einen Mullah, der eine Predigt für die Frauen des Hauses hielt. Der Mullah saß auf einem hohen Stuhl und rezitierte Klagegesänge aus dem Koran, während die um ihn versammelten Frauen weinten. Der Tee- und Kaffeekocher servierte der kleinen Versammlung warme Getränke.

Wir hatten auch einen Holzträger, der im Wald Holz schlug und es zum Palast trug. Er war auch für Reparaturen im Haus und für etwaige Tischlerarbeiten zuständig. Er war ein freundlicher Mann; seine Frau war unsere Bäckerin, die mir immer mein Frühstück richtete.

Außerdem gab es auch mehrere Wächter. Ich begriff nie, was für Aufgaben sie in unserem Palast in der

Stadt hatten; sie verbrachten den Tag mit Kartenspielen und Rauchen. Aber wenn wir im Sommer in die Berge zogen und in unseren großen schwarzen Zelten wohnten, patrouillierten sie um die Zelte herum. Mama hatte mich mit gruseligen Geschichten über die Wölfe und Bären in den Bergen erschreckt – vielleicht, damit ich brav in der Nähe der Zelte blieb. Wenn ich nachts wach wurde, musste ich an die wilden Tiere denken und bekam Angst, worauf ich zu meinem Vater lief, der mich beruhigte und mir sagte, dass die Wächter ja da waren und uns beschützten. Ich höre heute noch das Knistern der Steine unter ihren Füßen, während sie ihre Runden drehten.

Wir hatten auch einen Chauffeur, aber Papa fuhr meistens lieber selbst, besonders in den Bergen. Er war ein schneidiger Jeepfahrer. Mir machte das Spaß, meiner Mutter weniger.

Mein Vater hatte sogar einen fest angestellten Buchhalter, auf den er sich voll und ganz verließ.

Etwas ganz Wunderbares an meinem Vater war seine Liebe zu den Menschen. Er hatte ein richtig warmes Herz. Oft sah ich ihn mit unserem Holzträger oder Schäfer zusammensitzen und essen. Meiner Mutter gefiel es gar nicht, dass er sich mit solch „gewöhnlichen“ Menschen abgab, aber die Diener liebten ihn.

Meine Eltern hatten keine besonders glückliche Ehe. Dazu waren sie zu verschieden und es gab oft Streit. Aber nicht ein einziges Mal habe ich gehört, dass mein Vater von anderen Frauen oder einer neuen Ehe geredet hätte, obwohl er alle Möglichkeiten gehabt hätte. Er sagte immer: „Gott ist Einer – und das muss die Ehefrau auch sein!"

Ja, ich hatte es gut als Kind. Aber irgendwann kam der Tag, an dem ich zu ahnen begann, dass nicht alle es so gut hatten wie ich.

Wir hatten eine Angestellte, die ein bisschen Mädchen für alles war und unter anderem die Wäsche und den Abwasch besorgte. Ihre Tochter, Kani, schien den Auftrag bekommen zu haben, ein Auge auf mich zu haben, damit ich bei meinen wilden Spielen im Garten nicht zu Schaden kam. Ich nannte Kani meinen „Schatten", denn wie ein solcher folgte sie mir. Oft ärgerte es mich, wie sie dasaß und mich aus ihren großen braunen Augen anstarrte.

Einmal begleitete ich Kani – was ich eigentlich nicht durfte – mit in ihr Zuhause. Sie wohnte zusammen mit ihrer Mutter und ihrem blinden alten Vater in einem kleinen Lehmhaus in einem ärmlichen Viertel der Stadt.

In dem Haus war es dunkel und schmutzig, wie in einer Höhle. Kanis Vater saß auf einer schmutzigen Matratze auf dem Fußboden. Und ich begriff an diesem Tag zwei Dinge: Dass es in unserer Stadt Menschen gab, die ganz anders lebten als wir. Und dass Armut etwas Schreckliches war.

Nach diesem Besuch zu Hause bei Kani verstand ich besser, warum sie so böse wurde, als ich mich bei meinem Spielhaus einmal so richtig mit Lehm beschmiert hatte. Sie fand, dass sich das nicht schickte für ein „feines“ Mädchen. Aber ich wollte wissen, wie sich Lehm anfühlte. Ich fand ihn glatt und weich. Und so praktisch, wenn man etwas bauen wollte. Noch heute sehne ich mich manchmal danach, wieder mit Lehm arbeiten zu können und ihn an meinen Händen zu spüren.

Nach diesem Einblick in Kanis Welt versuchte ich immer, ihr Obst mit nach Hause zu geben, das ich beiseitegeschafft hatte – Datteln, Weintrauben, Äpfel. Und oft dachte ich an die Armen in der Stadt und stibitzte Hähnchenfleischstücke und Obst, um es ihnen zuzustecken, wenn ich sie traf.

Mein Herz für die Menschen, die es nicht so gut haben – vielleicht ist es damals in Kanis Haus erwacht. Ich fand es irgendwie nicht recht, dass es bei uns Essen im Überfluss gab, ja dass wir manchmal Reste wegwarfen, während Kani und so viele andere in meiner Heimatstadt fast nichts hatten. Mein Leben lang haben mir die Schwachen und Armen am Herzen gelegen. Und durch die Teehausarbeit habe ich schließlich eine Gelegenheit bekommen, etwas für die Menschen in meiner neuen Heimat, in Schweden, zu tun.

Kapitel 7

Pippi Langstrumpf und ich

Eines Tages – ich war etwa neun Jahre alt und mein Vater hatte seine Gefängnisjahre hinter sich – durfte ich ihn begleiten, als er in die Stadt Qasr-e Shirin fuhr. Die Stadt ist eine der Perlen des Iran und für ihre schönen Gärten, Hotels und Restaurants bekannt.

Papa musste die kurvenreiche Straße von Gilan e Gharb nach Qasr-e Shirin jede Woche fahren, um sich bei der Polizei zu melden. Es war die nächste Schikane des Regimes.

Der Tag fing an wie immer. Ich war seit seiner Haftentlassung nicht viel mit meinem Vater zusammen gewesen, weil ständig irgendwelche Stammesführer mit Geschenken kamen, die den Emir ehren und ihm danken wollten. Monatelang ging das so. Ich habe nie Genaues über die politische Arbeit meines Vaters erfahren, aber alle sagten, dass er für eine gute Sache kämpfte und weder sich noch sein Volk verraten hatte.

An diesem Tag also kam er an mir vorbei und ich sagte ihm, wie sehr ich ihn vermisst hatte. Worauf er mich fragte, ob ich Lust hätte, mit ihm nach Qasr-e Shirin zu fahren. Und ob ich Lust hatte! In der Kultur, in der ich aufwuchs, sind die Väter oft nicht da, und wenn sie sich einmal Zeit für ihre Kinder nehmen, dann meistens für die Jungen. Aber, wie ich schon sagte: Mein Papa war kein gewöhnlicher Vater.

Ich rannte zu meiner Tante und fragte: „Kannst du mich richtig fein machen und mir das Haar bürsten? Ich schreie auch bestimmt nicht!"

Sie lächelte mich an. „Was hast du denn vor?"

„Ich darf mit Papa nach Qasr-e Shirin fahren."

Die Tante suchte ein hübsches Kleid im Stil der 1950er-Jahre hervor, mit schmalem Oberteil, weitem Rock und aus rosengemustertem Stoff. Damals hasste ich Kleider, heute liebe ich sie.

Als ich mich umgezogen hatte, bürstete sie mir das Haar und machte mir zwei kurze Zöpfe. Also gut, Zöpfe, weil es so ein besonderer Tag war. Oft schnitt ich mir damals selbst die Haare, woraufhin ich zum Friseur gehen musste, um das Unglück auszubessern – und danach war meine Frisur natürlich noch kürzer.

Fertig stadtfein ausgestattet rannte ich zu dem Teich mit der Fontäne und wartete. Da kam Papa endlich die Treppe herunter, in dunkelblauen Hosen und hellblauem Hemd. Was sah er smart aus! Wir gingen die Apfelbaumallee entlang. Überall sangen die Grillen. Ich hörte, wie der Schlachter einem Lehrjungen zurief, dass er ein schärferes Messer brauchte. Die Stimmen von Frauen, die Reis wuschen: „Nicht so fest, sonst geht alles kaputt!" Und gleichzeitig war ich in einer anderen Welt, meine Hand in der meines Vaters. Ich kniff mir ins Bein, um mich zu vergewissern, dass ich nicht träumte.

„Woran denkst du, mein Mädchen?", fragte Papa.

„An dich. Du siehst so bekümmert aus."

Mein Vater lächelte mich an und sagte: „Ich möchte etwas Gutes zuwege bringen, bevor ich diese Welt verlasse."

Diese Welt verlassen? Dass mein Vater eines Tages nicht mehr da sein könnte, kam in meinen Gedanken nicht vor.

Wenn einer meinen Vater kannte, dann ich, glaubte ich. Aber woher kam es nur, dass die Menschen verstummten, wenn er einen Raum betrat? Diese natürliche Autorität, sie war mir ein Rätsel, aber das änderte nichts an unserem Verhältnis.

Papa saß selbst am Steuer seines Jeeps, als wir nach Qasr-e Shirin fuhren, während ich auf der Rücksitzbank hin und her flog. (Anschnallgurte gab es damals noch nicht.) Ebenfalls im Auto waren zwei Männer, die der Stamm geschickt hatte, um meinem Vater bei diversen Angelegenheiten zur Hand zu gehen. Während er bei der Polizei war, gingen die beiden in ein Teehaus, um eine Erfrischung zu trinken, denn es war ein heißer Tag. Ich musste im Auto bleiben, denn dass ein Mädchen – oder eine Frau – mit in ein Teehaus ging, war völlig undenkbar.

Vielleicht keimte damals, als ich in dem sengend heißen Auto saß und wartete, zum ersten Mal der Gedanke an ein Teehaus für Frauen in mir auf? Ich weiß noch, wie ich mich fragte, warum ich nicht mitgehen und auch etwas trinken durfte. Obwohl ich die

Antwort ja wusste: Teehäuser gehörten zur Welt der Männer.

Als mein Vater von der Polizei zurückkam, ging er mit mir als Erstes zu einem Stand, der gekühlte Getränke verkaufte, und kaufte mir einen frisch gepressten Orangensaft.

Der Verkäufer sagte: „Was für ein Glückstag, dass Kahne Kalhor (der Herr des Stammes Kalhor) hier ist und dass er frei ist!"

Papa lächelte. Als er seine Brieftasche hervorholte, um zu bezahlen, winkte der Verkäufer ab. „Ich wäre ein Lump, wenn ich Euch bezahlen lassen würde!" Dann trug er eine Kiste frische Apfelsinen zu unserem Auto. Papa dankte ihm und wir stiegen ein.

Dann sagte er: „Bevor wir zu Mittag essen, gehen wir erst noch in eine Buchhandlung."

Papa war ein großer Buchliebhaber; das wussten alle. Wir fuhren zu einer der größten Buchhandlungen der Stadt und mein Vater kaufte sich ein von einem Engländer geschriebenes Buch über die Geschichte unseres Stammes. Dann sagte er: „Und jetzt kaufe ich dir etwas, das dir im Leben helfen wird."

Wir schlenderten durch die Buchhandlung. Papa suchte in den Regalen, musste schließlich aber einen der Verkäufer, einen dünnen Mann, nach dem Buch fragen, das er suchte. Der Verkäufer holte das Buch. Es hieß „Pippi Jurâb-boland" – „Pippi Langstrumpf".

Ich fragte Papa, worum es in dem Buch ging. Er sagte, dass es eine Geschichte über ein sehr selbstständiges Mädchen war, das ohne seine Eltern lebte. Es kümmerte sich nicht um die Ansichten der Erwachsenen und machte, was es wollte. Und es glaubte steif und fest, dass sein Papa zurückkommen würde. Und dann sagte er etwas, das ich nie vergessen habe: „Pippi beweist, dass sie ihr Leben meistern kann. Und das wirst du auch tun!" Und er nahm noch ein Michel-Buch mit.

Ich nahm die beiden Bücher entgegen (das andere war das über Michel aus Lönneberga). Ich freute mich riesig. Dieses Mädchen, das Pippi hieß – ich konnte es nicht erwarten, seine Geschichte zu lesen!

Kaum zu Hause angekommen, schlug ich das kostbare Buch auf. Ich las die Geschichte von der Handtasche mit den Goldmünzen, die die Diebe stibitzen wollten. Dass so ein Mädchen sich nicht von den Erwachsenen unterkriegen ließ, das war fantastisch. Und wenn Pippi das konnte, konnte ich es auch. Sie war stark und eine Verteidigerin der Schwachen. Sie versuchte, das Rechte zu tun, aber manchmal kam es anders, als sie dachte. Sie war furchtbar nett und großzügig.

Pippi – das war Liebe auf den ersten Blick. Sie wurde mein Vorbild, lange bevor ich wusste, was das Wort „Vorbild" bedeutete.

Ich war ein einsames Kind und sehr eigensinnig. Ich fand, dass Pippi und ich viel gemeinsam hatten. Sie war rebellisch und ging ihren eigenen Weg – genau wie ich. Ihr Vater war weit weg; das war meiner vier Jahre lang auch gewesen. Und er war reich, genau wie mein

Papa. Pippi kämpfte gegen die Dummen und Dämlichen und siegte, weil sie stark und klug war.

Und so war es Pippi, die mir Mut machte, Dinge zu tun, die außergewöhnlich waren. Zum Beispiel den Umgang mit Waffen zu lernen, für alle Fälle. Sie war freundlich und mutig zugleich. Und das wollte ich auch sein.

Vor allem aber wurde Pippi für mich ein Symbol der Freiheit. Meine ganze Kindheit und Jugend hindurch sehnte ich mich nach Freiheit.

In gewisser Weise ist Pippi heute noch ein Vorbild für mich. Ich mag ihre Art, zu handeln und nicht nur Sprüche zu machen. Und ihren Mut. Sie war ein kleines Mädchen, das ein ganzes Pferd stemmen konnte. Wenn ich vor einer schwierigen Aufgabe stehe – etwa einer Rede vor einem großen Publikum oder einem finanziellen Problem –, sehe ich dies wie ein Pferd, das jemand hochstemmen muss. Und wenn Pippi das konnte, kann ich es auch. Und das funktioniert.

Kapitel 8

Die Unterrichtssprache bestimmt der Schah

Es war ein trister Herbsttag, als ich zum ersten Mal zur Schule ging. Trist deswegen, weil mein Vater immer noch im Gefängnis war. Ich war sieben und konnte bereits lesen und schreiben. Aber ich war doch voller Erwartung, denn mein Lernhunger war groß.

Meine Mutter brachte mich zu der Schule, die etwa einen Kilometer von unserem Haus entfernt lag. Mama hatte gewollt, dass ich in Rock und weißer Bluse zu meinem ersten Schultag ging. Ich bestand auf meiner roten Trägerhose. Ich ging in der Trägerhose.

Die Schule war ein einstöckiges Gebäude, dessen Name an den Geburtstag des Schahs erinnerte. Es war auch der Schah, der angeordnet hatte, dass der gesamte Schulunterricht im iranischen Teil Kurdistans auf Persisch zu halten war und nicht auf Kurdisch, meiner Muttersprache.

Die Lehrerin war freundlich und wohl eine Iranerin. Sie hieß mich willkommen und zeigte mir, wo ich und die übrigen 25 Schüler zu sitzen hatten. Durch das Fenster konnte ich die Straße sehen, die in der einen Richtung zum Stadtzentrum führte und in der anderen nach Hause.

Ich ging gerne zur Schule, auch wenn nicht viele der

anderen Schüler mit mir redeten. Ich war ja die Tochter des Emirs und die sozialen Unterschiede hörten nicht hinter der Schultür auf; jeder wusste um seinen Platz in der Hierarchie.

Während die anderen Schüler ihre Buchstaben lernten, las ich Bücher und schrieb Gedichte. Mein allererstes Gedicht handelte von den Sternen. Ich mochte es, auf dem Flachdach unseres Palastes zu liegen und in den Nachthimmel emporzuschauen. Mein erster Vorname, Mah Doht, bedeutet „Mondtochter". Ich hatte keine Angst vor der Nacht; im Gegenteil. Aber ich dachte viel darüber nach, wer all die Sterne gemacht hatte und woher ihr Licht kam.

Wenn die Schule aus war, holte mich entweder unsere Dienerin Fatmi oder deren Tochter Kani ab. Ich fand es ungerecht, dass Kani nicht in die Schule gehen konnte; sie war ja ungefähr genauso alt wie ich. Auf dem Heimweg versuchte ich immer, ihr das beizubringen, was ich an dem Tag gelernt hatte.

Meine Lieblingsfächer waren Geschichte und Geografie sowie Literatur. Mit Mathematik konnte ich leben, aber begeisternd fand ich das Fach nicht.

Die Unterrichtssprache war also Persisch. Unser kurdischer Dialekt und das Hochpersische sind ähnlich miteinander verwandt wie Schwedisch und Dänisch. Ich weiß nicht mehr, wie ich Persisch lernte; es war einfach da, als ich die Schule anfing. Zu Hause hatten wir natürlich dauernd Gäste, die Persisch sprachen, und auch ein Teil der Diener sprach Persisch.

Ich dachte nicht weiter darüber nach, wie ungerecht es war, dass eine große Volksgruppe wie die Kurden (immerhin etwa 10 Prozent der iranischen Bevölkerung) nicht in ihrer eigenen Sprache unterrichtet werden durfte. Meine Eltern waren empört und gekränkt, aber ich war ein Kind und nahm die Dinge hin, wie sie waren.

Die ersten fünf Schuljahre ging ich in die kleine Schule in der Nähe unseres Hauses. Die sechste Klasse übersprang man und machte direkt mit der Mittelschule weiter, der siebten bis neunten Klasse. Danach kam das Gymnasium.

Die Mittelschule war in einem großen Gebäude mit mehreren Hundert Schülern untergebracht. Es war ein rotes Ziegelhaus mit Satteldach, was in unserer Gegend, wo fast alle Häuser ein Flachdach hatten, höchst ungewöhnlich war.

Damals, als die islamische Revolution noch in der Zukunft lag, gingen Jungen und Mädchen in dieselbe Schule, allerdings nicht in dieselbe Klasse; es gab also Jungen- und Mädchenklassen. Die Mittelschuljahre waren eine glückliche Zeit in meinem Leben. Mein Vater war aus dem Gefängnis entlassen und endlich wieder zu Hause. Ich las ein Buch nach dem anderen. In einem ging es um die schwedische Königin Desirée, die sich nie an das kalte Klima ihres neuen Heimatlandes gewöhnen konnte. Damals ahnte ich noch nicht, dass ich eines Tages selbst in diesem kalten Land Schweden leben würde.

Ich hatte überall gute Noten, aber mein Lieblingsfach war Persisch. Ich genoss es, wenn wir Gedichte der klassischen Autoren behandelten, die ich schon als Grundschulkind gelesen hatte. Ich schrieb selber eine Menge Gedichte und Theaterstücke, für Kinder und für Erwachsene.

Auch in der Mittelschule hatte ich keine Freundinnen. Wahrscheinlich trauten die anderen Mädchen sich nicht, einer „höheren Tochter“ wie mir zu nahezukommen. Auch jetzt noch wurde ich nach dem Unterricht immer von einer Dienerin abgeholt.

Auch unter den Jungen hatte ich keinen Freund. Ich schwärmte wohl etwas für den Sohn des Rektors, der manchmal auf dem Schulhof zu mir hinschaute, aber es war nichts Ernstes.

Gegen Ende meiner Mittelschulzeit schrieb ich einen Aufsatz über einen Baum im Wald, der nach vielen Abenteuern als Absatz unter meinen Schuhen endete. Ich sollte einen schönen Preis für diesen Aufsatz bekommen – und mein Leben eine unerwartete Wendung nehmen.

Kapitel 9

Weibliche Vorbilder

Als ich klein war, hatte ich keine gute Beziehung zu meiner Mutter. Ich fand, dass sie bei jeder Gelegenheit hysterisch wurde und sehr verwöhnt war. Sie war die Art Frau, die das neue Auto nach der Farbe ihres Kleides aussucht. Und mich wollte sie zu etwas machen, das ich nicht war – zu einem gehorsamen Kurdenmädchen. Ich war ein richtiger Wildfang, nicht fein und still wie die anderen Mädchen in der Familie, sondern eine Neugierige und eine Draufgängerin.

Meine weiblichen Vorbilder fand ich schließlich in den Generationen vor meiner Mutter. Eines davon war Oma Gohar, die Mutter meiner Mutter. Sie war mit ihren höchstens 1,60 Metern eine kleine Frau, aber voller Autorität. Als ihr Mann starb, blieb sie allein mit fünf kleinen Töchtern zurück, von denen Mama die jüngste war. Oma Gohar war damals nur etwa 25 Jahre alt; ihr Mann hinterließ ihr große Reichtümer und Ländereien.

Oma Gohar wohnte in einer schlossähnlichen Burg im fruchtbaren Mahidasht-Tal, östlich von Gilan e Gharb. Die Burg hatte zwei Türme und war von einer hohen mit Zinnen bewehrten Ringmauer umgeben. Um in den Burghof zu gelangen, musste man ein Eisentor passieren, vor dem rund um die Uhr Wächter standen.

In meiner Kindheit besaß Oma Gohar große Ländereien. Sie war in ihrer Gegend eine mächtige Frau. Sie hatte ihren eigenen Koch, Chauffeur, Stallmeister und Wächter und praktisch ein eigenes Gefängnis. Alle im Stamm Kalhor kannten sie.

Sie war eine ganz besondere Frau, meine Oma Gohar. Unter anderem trug sie ständig eine Pistole in ihrem Gürtel – und sie trug sie nicht nur, sie konnte auch damit umgehen.

Auf dem Kopf hatte sie immer den für unseren Stamm typischen Turban, ein langes schwarz-weißrotes Seidentuch, das man sich kunstvoll um den Kopf schlang. Unter dem Turban schauten ihre langen schwarzen Zöpfe hervor. Dank fleißiger Anwendung von Henna blieb ihr Haar bis ins hohe Alter dunkel. Sie trug stets ein langes Kleid, das, wie sich das für eine Witwe gehörte, meist schwarz oder grau war. Zu festlichen Gelegenheiten ergänzte sie es manchmal durch eine gold- oder silberbestickte Samtjacke, die sie wohl in Bagdad im Irak gekauft hatte, denn Oma Gohar liebte ab und zu eine kleine Shoppingtour mit ihren Töchtern.

Oma Gohar war kein bisschen dumm und hatte Haare auf den Zähnen. Als ihr Mann tot war, kümmerte sie sich selbst um die Verwaltung seines sämtlichen Besitzes einschließlich mehrerer Schlösser, bis schließlich einer ihrer Schwiegersöhne nach und nach diese Pflichten übernahm.

Oma Gohar saß oft mit mächtigen Männern zusammen. Von ihr lernte ich, dass eine kurdische Frau einen wichtigen Platz in der Gesellschaft einnehmen kann, wenn sie stark und mutig ist.

Im Sommer kamen alle Kinder und Enkel von Oma Gohar zu ihr. Ihr Dorf lag sehr schön, in der Nähe von zwei Bergen, die zusammen wie ein Kamelrücken aussahen. Das Schloss war von fruchtbaren Feldern umgeben, wo sie Mais, Weizen, Erbsen, Zuckerrüben, Tomaten und Gurken anbauen ließ. Oma hatte auch große Obstplantagen mit Kirsch-, Aprikosen- und Apfelbäumen. Es gab auch Weintrauben und Walnüsse. An die vierzig Personen arbeiteten in Großmutters Landwirtschaft, die für die damalige Zeit hochmodern war und bereits Traktoren und Mähdrescher einsetzte.

Meine Cousins, Cousinen und ich hatten viel Spaß in Oma Gohars Dorf. Vor allem ich und mein Lieblingscousin Sina. Er war zwei Jahre jünger als ich und daher kein potenzieller Ehemann, was für uns beide das Leben um einiges leichter machte. Wir spielten Theaterstücke, die ich geschrieben hatte, und erbettelten uns Weizen, den wir dann in Süßigkeiten, Stoff und Bleistifte umtauschten.

Oma Gohar nahm sich viel Zeit für mich. Sie erzählte mir aus der Geschichte unseres Stammes. Sie wusste auch viel über die Natur, zum Beispiel welche Kräuter man als Heilkräuter verwenden konnte. Sie ritt gerne. Ich auch. Sie hatte einen Reitstall mit vielen edlen Pferden, sämtlich arabische Vollblüter, die ich für

Ausritte in die Berge ausleihen durfte. Mein Lieblingspferd war ein feuriger schwarzer Hengst. So frei wie auf seinem Rücken fühlte ich mich nirgendwo sonst.

Oma Gohar hatte das Dorf nach sich benennen lassen – Goharabad. Dorf und Tal waren ihr eigenes Reich. Eigentlich hätte sie eine sehr glückliche Frau sein müssen, aber sie hatte natürlich ein Problem: Sie hatte nur Töchter geboren. Ohne Sohn stirbt der Name des Vaters aus und der ganze Besitz geht auf die Schwiegersöhne über. Und das gilt in unserem Volk als schlimm. Aber Großmutter ließ sich nie anmerken, dass sie das bekümmerte. Sie war überhaupt ein Mensch, der seine Gefühle für sich behielt und die Zähne zusammenbiss.

Und fromm war sie. Sehr sogar. Sie war schiitische Muslimin, wie die meisten Iraner, während die Kurden meist Sunniten waren. Sie betete fünfmal am Tag und hielt alle großen Feiertage ein. Sie war ein Mensch, den ich sehr bewunderte. Als sie starb, war sie ungefähr 85 Jahre alt, aber da wohnte ich schon in Teheran und war verheiratet.

Eine andere Heldin meiner Kindertage war die Großmutter meines Vaters, Badrazam („Die Große Badr"). Als die Cousine meines Urgroßvaters väterlicherseits auf Veranlassung von Schah Reza ihren Mann, Emir Suleyman, ermordet hatte, zerriss Uroma Badrazam ihre Kleider, übernahm den Befehl über Suleymans Truppen und versuchte, das Schloss gegen die Feinde zu halten; es fiel jedoch nach ein paar Tagen.

Ich hatte Hochachtung vor Frauen wie Uroma Badrazam. Ihr Freimut imponierte mir ebenso wie der Mut, mit den Männern auf einer Ebene zu leben. Es war ein so ganz anderes Leben als das der meisten Frauen in meiner Kindheit, die (wie noch heute viele iranische Frauen) in ständiger Angst lebten.

Eine der Anekdoten, die man sich über Urgroßmutter Badrazam erzählte, betraf ihre Vorliebe dafür, „Der Emir und sein Hof“ zu spielen, wenn ihr Mann fort war. Eines Tages beschloss sie, auf einem Hügel vor der Stadt ein großes Picknick zu machen. Die Diener mussten Möbel heraustragen und eine Mahlzeit für Badrazam und die anderen Frauen im Schloss auftischen.

Ihr Mann Suleyman war also verreist, aber als er zurückkam, hob er sein Fernglas an die Augen und sah eine höchst bemerkenswerte Szene. Auf einem Hügel vor dem Schloss saß seine Frau auf seinem Thron. Sie trug seine Generalsuniform einschließlich sämtlicher Medaillen und rauchte seine Wasserpfeife. Um sie herum standen kichernd und lachend die anderen Frauen.

Als Khadir, der direkt hinter dem Emir ritt, die Szene erblickte, bekam er, wie er mir viele Jahre später erzählte, einen riesigen Schrecken. Sicher würde der Emir eine so rebellische Frau töten lassen? Doch nein, der Emir lachte nur, dass ihm die Tränen über die Wangen rollten. „Meine Große Badr macht ihrem Namen alle Ehre“, soll er gesagt haben. „So eine unerschrockene Frau findet man so leicht kein zweites Mal.“

Doch es kann nicht immer leicht gewesen sein, die Große Badr zu sein. Urgroßvater Suleyman war ein schwerreicher Mann mit einem entsprechend großen Harem. Als Kind unterhielt ich mich öfters mit Daye, einer der Haremsfrauen. Und was sie mir erzählte, machte mich richtig wütend. Mit einigen Frauen war er nur eine einzige Nacht zusammen, danach waren sie auf dem Abstellgleis, ohne Chance auf ein normales Leben mit Mann und Kindern.

Ich versuchte, mir dieses Dasein im Gefängnis des Harems vorzustellen. Als ich Daye kennenlernte, war sie schon sehr alt. Sie erzählte mir aus ihrem Leben und von Urgroßmutter Badrazam. Badrazam war schön und intelligent gewesen und die Herrscherin im Harem. Wenn sie ins Bad ging, standen die übrigen Haremsfrauen mit Spiegeln Spalier, sodass sie sich den ganzen Weg lang betrachten konnte.

Ja, meine Urgroßmutter väterlicherseits war eine privilegierte Frau im Iran gewesen. Doch wie viele andere Frauen hatten ein Dasein als Menschen zweiter Klasse geführt in einer Gesellschaft, wo eine Frau nur halb so viel wert war wie ein Mann?

Noch heute führen viele Frauen im Iran ein Leben der ständigen Angst. Als Mädchen haben sie Angst vor ihren Brüdern, die jedes Recht haben, sie niederzuhalten und über sie zu bestimmen, und wenn sie dann verheiratet sind, beginnt die Angst vor der Schwiegermutter, die die Herrscherin des Hauses ist und sich nicht selten an ihrer Schwiegertochter schadlos halten möchte für die Unterdrückung, die sie früher selbst erlitten hat.

Doch manchmal sind Frauen auch selbst schuld an ihrem Elend. Mit zu viel Klatschen können sie das größte aller Unglücke heraufbeschwören – die Scheidung. Eine Geschiedene hat niemanden mehr, der sie versorgt, und ihr Ansehen sinkt gegen null. Nach muslimischem Recht verliert sie auch ihre Kinder, sobald diese sieben Jahre alt sind.

Ich werde nie eine Cousine von mir vergessen, die sich scheiden ließ und anschließend ihre Kinder nie mehr sehen durfte. Oft stand sie hinter Büschen versteckt an ihrem Schulhof und schaute leise weinend zu, wie sie dort spielten. Zu ihnen gehen und sie in den Arm nehmen – verboten! So nah und doch so fern …

Und so bleiben viele Frauen in Ehen, die die Hölle sind und wo sie seelisch und körperlich misshandelt werden. Als stumme Sklavinnen durchleiden sie ihren Tag.

Schon als kleines Mädchen war ich empört über die Ungleichheit zwischen Jungen und Mädchen, die in unserem Land und unserem Stamm vorherrschte. Ich weiß noch gut, wie meine Schwester unter der Willkür unserer Brüder litt, denn wenn der Vater nicht daheim ist, ist der Sohn der Herr im Haus.

Ich habe mich nie damit abgefunden, sondern meine Schwester gegen meine Brüder verteidigt, wo es nur ging. Schon bald war ich das schwarze Schaf in der

Familie – das Kind, das nur Scherereien machte und einfach nicht gehorchen wollte. Alle fanden es unmöglich. Ich fand, dass es gut war.

Kapitel 10

Wer ist Gott?

„Wer bist du? Ich will dich kennenlernen!"

Eines Tages, als ich neun Jahre alt war, stand ich in unserem Garten und rief nach Gott. Warum? Weil ich mit ihm reden wollte. In der Kultur, aus der ich komme, gehört Gott zum Leben dazu, ganz anders als in West- oder Nordeuropa, wo kaum jemand auf die Idee kommt, laut über ihn zu reden.

Einer von Papas Onkeln, der gerade im Garten spazieren ging, hörte mich. Er kam zu mir und sagte: „Bist du verrückt, Mädchen? Mit wem redest du da?"

„Ich will mit Gott reden", erklärte ich ihm.

„Gott gibt es nicht!"

„Ich weiß aber, dass es ihn gibt!", schrie ich.

Ich war richtig wütend. Wie konnte der behaupten, dass es Gott nicht gab? Ich wusste doch, dass es ihn gab, und war entschlossen, ihn kennenzulernen. Ich musste nur herausfinden, wie.

In meiner Kindheit gab es jemanden, der mir mehr als alle anderen zeigte, wer Gott war. Das war ein stummer Wanderderwisch, der zur Erntezeit und im Muharram (dem ersten Monat des islamischen Mondjahres) entweder zum Schloss von Oma Gohar oder zu uns kam. Die Derwische sind die Mitglieder eines sufistischen Ordens. Sie sind gewissermaßen muslimische Mönche; der Sufismus ist eine mystische Bewegung innerhalb des Islams.

Sayed Laleh war ein großer, dünner Mann mit schwarzem Bart und langem Haar, so ähnlich, wie manche sich Jesus vorstellen. Da er stumm war, kommunizierte er mit den Menschen, indem er auf Zettel schrieb. Er galt als Prophet, der die Zukunft vorhersagen konnte.

Meine erste Erinnerung an ihn stammt von einem Abend, an dem ich – ich war acht Jahre alt – vor meinem Fenster saß und hinausschaute. Durch die Wedel der großen Dattelpalme konnte ich ihn in der Küche sitzen sehen. Und er betete. Ich spürte seine Hingabe und am folgenden Morgen nahm ich Papier und Bleistift zur Hand, ging direkt zu ihm und fragte: „Wie kann ich Gott finden?"

Laleh schrieb auf den Zettel: „Du brauchst ihn nicht zu suchen. Er ist dir schon ganz nah, in deinem Herzen." Und er zeichnete ein Herz mit einem großen Licht drin.

Ich ließ nicht locker. „Aber wie kann Gott, der so groß ist, in mein Herz kommen?"

Er schrieb: „Durch die Luft, die du atmest. Du wirst ihn kennenlernen."

Mit dieser Antwort gab ich mich erst einmal zufrieden.

Als Kind durfte ich manchmal beim Aschura-Fest im Trauermonat Muharram, in dem die Schiiten feierlich des Märtyrertodes Husseins, eines Enkels Mohammeds, gedenken, die Märtyrerbraut spielen. Die Feier und Vergegenwärtigung des Todes Husseins spielt eine große Rolle im schiitischen Islam. Unter anderem wird ein Mädchen als Braut des Märtyrers verkleidet und so durch die Stadt getragen.

Man zog mir also weiße Brautgewänder an und trug mich in einer Sänfte mit Baldachin durch die Straßen von Gilan e Gharb. Angeblich hat jemand, der unter der Sänfte durchgeht, einen Wunsch frei. Ich kicherte leise, als ich die Wünsche all der älteren Frauen und Männer hörte. Die Frauen wollten oft einen neuen Mann, und die Männer – erraten – eine andere Frau. Oder ein neues Gewehr.

Am letzten Tag der Feierlichkeiten war ich als Husseins Witwe verkleidet, also vom Scheitel bis zur Sohle ganz in Schwarz, und die Männer bewarfen mich zum Zeichen der Trauer in meiner Sänfte mit Heu. Selber freute ich mich wie eine Königin und konnte die Verzweiflungsgesten all der Menschen nicht verstehen. Und auch diese Gedanken kamen mir da oben in meiner Sänfte: Wo war Allah, der angeblich all die Gebete dieser Menschen erhörte? Wer war er eigentlich?

Ich fragte schließlich meinen Vater, und der sagte, dass Gott „El Shaddai" sei (der jüdische Name für Gott), also Gott der Allmächtige. Und er fuhr fort: „Werde nicht so wie Oma Gohar und deine Mama. Die wissen nichts von Gott. Was sie machen, ist bloß Theater."

Ich fragte: „Theater? Wie meinst du das?"

„Nun, wenn Gott uns nackt erschaffen hat und alles sieht und alles über uns weiß, warum müssen die Frauen sich dann so verschleiern? Glaubst du nicht, dass Gottes Augen durch den Schleier hindurchdringen bis in die letzten Winkel unserer Seele?"

Als ich meiner Mutter erzählte, was mein Vater mir über Gott gesagt hatte, wurde sie ganz aufgebracht. „Dein Papa ist ein Abtrünniger, der Alkohol trinkt und Karten spielt und Feste gibt. Hör nicht auf ihn! Er will nur nicht, dass du ins Paradies kommst."

Der Gedanke an das Paradies und die Angst vor der Hölle waren wie zwei Peitschen, die mich antrieben, zu lesen, zu beten und nach Gott zu suchen. Ich zwang mich auch, während des Aschurafestes an dem rituellen Weinen und Klagen teilzunehmen.

Als ich neun war, fing meine Mutter an, mich darin zu unterweisen, wie man richtig betet und fastet. In Papas großer Bibliothek standen zwar überwiegend geschichtliche Bücher und literarische Werke, aber ein paar Bücher über religiöse Themen gab es auch. Ich verschlang diese Bücher. Oft nahm ich einen großen Wälzer mit hinaus in den Garten, legte mich ins Gras und verschlang die Seiten. Ich hungerte danach, Gott kennenzulernen; ich dürstete nach ihm. Aber warum beteten wir eigentlich zu Mohammed, Ali und Mohammeds Nachkommen, den zwölf Imamen, ja opferten ihnen sogar – und nicht Gott selber? Wenn ich meine Mutter deswegen fragte, wurde sie meistens ungehalten und sagte: „Solche Fragen stellt man nicht!"

Aber ich war neugierig und wollte die Wahrheit wissen.

Eine Methode, mehr über den Glauben zu lernen, war, dass man in eine Koranschule ging. Mama wandte sich an einen privaten Koranlehrer, der daraufhin in unserem Haus einen Anfängerkurs begann. Er war ein ansehnlicher Mann, der Hemd und Hose trug und nicht die knöchellangen Gewänder der heutigen Koranlehrer. Er trug auch keinen langen Bart, sondern war rasiert und hatte eine kurze Frisur.

Ich kann mich noch gut an die erste Koranstunde erinnern. Unser Lehrer zündete ein Streichholz an, hielt es hoch und sagte: „Das Streichholz ist das kleinste Feuer, das es in der Welt gibt, aber es kann einen ganzen Wald entzünden. Der Koran sagt, dass das Feuer der Hölle hunderttausendmal schlimmer ist."

Ich bekam furchtbare Angst. So etwas hatte ich noch nie gehört. Ich musste denken: „Ich muss ein gerechter Mensch werden – aber wie?"

Drei Jahre lang, von meinem neunten bis zum zwölften Lebensjahr, ging ich in diese Koranschule. Für den Muslim ist der Koran ein heiliges Buch, das man mit Ehrfurcht behandeln muss und dem man zu Hause einen Ehrenplatz gibt. Einmal ließ ich aus Versehen den Koran auf den Fußboden fallen. Der Lehrer wurde richtig böse: „Wenn du den Koran fallen lässt, kommt ein Fluch über dich. Außerdem sehen unter deinem Kopftuch ein paar Haarsträhnen hervor."

In diesem Augenblick wurde mir klar, dass ich diesen Mann und diesen Druck nicht mehr aushielt. An eben diesem Tag hatte ich in der Schule einen Preis gewonnen für eine Geschichte, die ich geschrieben und bei einem Wettbewerb eingeschickt hatte. Die Preisverleihung würde in einem Hotel im Nordiran erfolgen und ich war herzlich dorthin eingeladen. Als ich den Koranlehrer fragte, ob ich dorthin fahren durfte, sagte er: „Wenn du das tust, hast du die Hölle gewählt und darfst nie mehr in die Koranschule kommen."

Ich wollte so gern zu der Preisverleihung fahren, aber dazu müsste ich das Kopftuch abnehmen und noch gegen mehrere andere religiöse Regeln, die ich gelernt hatte, verstoßen. Für Papa war das okay, während meine Mutter natürlich nicht wollte, dass ich fuhr. Ich fuhr schließlich hin.

Das Hotel entpuppte sich als Lager für Kinder aus aller Welt, die sich in der Schule hervorgetan hatten. Hier lernte ich unter anderem Schüler aus Aserbaidschan in der damaligen Sowjetunion kennen, die ein paar Jahre älter waren als ich. Sie erzählten von Lenin und Marx und steckten mir ein paar Schriften zu. „Aber wenn du sie gelesen hast, musst du sie sofort verbrennen."

Ich las die Schriften noch in derselben Nacht. Darin stand, dass der Mensch vom Affen abstammte und dass die Erde und alles, was es auf ihr gab, ein Produkt des Zufalls war. Das war ja etwas ganz Neues! Ich war ganz verwirrt.

Nach Hause zurückgekehrt, sprach ich mit meiner

älteren Schwester über das, was ich da gelesen hatte, und siehe da, sie kannte es bereits. Es gab also mehrere Gründe dafür, dass ich als 13-Jährige in einer kommunistischen Untergrundzelle landete.

Aber bis ich endlich Gott kennenlernte, sollte es noch sehr lange dauern. Und bis ich schließlich entdeckte, dass das folgende Bibelwort auch für mich galt: „Ich habe dich je und je geliebt, darum habe ich dich zu mir gezogen aus lauter Güte" (Jeremia 31,3).

Kapitel 11

Es kann noch schlimmer werden

Als mein Vater aus dem Gefängnis des Schahs freigekommen war, dachten wir, dass dies das letzte Mal war, dass sie ihn verhaftet hatten. Aber da sollten wir uns irren.

Papa selbst war voller Optimismus: „Die Gefängniszeit ist vorbei. Jetzt werden wir für die Freiheit kämpfen und gewinnen!"

Der Boden unter den Füßen des Schahs wurde in seinen letzten Regierungsjahren immer heißer. Er versuchte, seine Macht durch den Aufbau von Netzwerken und Seilschaften zu sichern; er setzte alles daran, meinen Vater zu kaufen, indem er ihm eine sehr hohe Position im Parlament anbot. Aber Papa machte nicht mit.

Gegen Ende der 1970er-Jahre begann dem Schah die Macht zu entgleiten. Auf den Straßen demonstrierten die Menschen gegen das Regime. Ich demonstrierte mit. Ich ahnte nicht, dass die Regierung, die nach dem Schah käme, sich als noch siebenmal schlimmer erweisen würde.

In einer kommunistischen Gruppe, zu der auch meine Schwester und mehrere Cousins und Cousinen gehörten, wurde ich zur Terroristin ausgebildet. Wir lernten es, alle möglichen Mordwerkzeuge zu basteln, von Molotowcocktails bis zu richtig starken Bomben. Dass das gefährlich werden konnte, daran dachte ich nicht; als junger Mensch hält man sich ja für unsterblich. Was das Schahregime meiner Familie angetan hatte, hatte mir einen Hass eingegeben, der mich blind weitertrieb.

Der Aufstand gegen den Schah erreichte Anfang 1979 seinen Höhepunkt. Im Januar verließ der Schah mit seiner Familie das Land, am 1. Februar kehrte Ayatollah Khomeini aus seinem Exil in Paris zurück. Was als Proteste gegen die Brutalität und Dekadenz des Schahregimes begonnen hatte, endete als islamische Revolution. Nur wenige Monate nach Khomeinis Machtübernahme wurde ein Mullah zum Militärbefehlshaber in unserer Gegend ernannt. Sadegh Khalkhali war ein berüchtigter Mörder. Und der Vorsitzende des Revolutionsgerichts.

Khalkhali war für die Ermordung zahlloser unschuldiger Menschen in Kurdistan bekannt. Bei einem seiner Massaker ließ er ein ganzes kurdisches Dorf auslöschen; es soll damals an die 5000 Opfer gegeben haben. In unserer Stadt erschoss er persönlich zahlreiche Frauen; sie mussten sich am Stadtrand in Reih und Glied aufstellen, wurden der Hurerei angeklagt und auf der Stelle erschossen.

Der Name Khalkhali ließ die Menschen erzittern. Und meinen Vater, der als westlich geprägter Intellektueller aus bester Familie für das neue Regime als Bedrohung galt, wählte er sich zu seinem Feind aus.

Eines Tages erschien ein Offizier mit einem Trupp Soldaten bei uns und bedrohte Papa: „Wir wissen, dass ihr hier Waffen versteckt habt. Gebt sie heraus oder wir töten euch!"

Papa entgegnete ihm ganz ruhig: „Ich habe keine Waffen. Die haben sie mir längst weggenommen."

Der Trupp trat für diesmal den Rückzug an, aber der Befehlshaber wartete nur auf eine bessere Gelegenheit, Papa zu verhaften.

Eines Abends, als mein Vater und meine Brüder draußen in den Bergen waren, um zu jagen – mit Waffen, die sie sich extra dazu geliehen hatten –, folgten die Soldaten ihnen. Alle wurden verhaftet, irgendein Soldat warf eine Leiche in unseren Hof und Papa wurde des Mordes angeklagt. Fast ein Jahr lang war er im Gefängnis, wo er schwer gefoltert wurde. Wäre der Druck der öffentlichen Meinung nicht so stark gewesen, die Mullahs hätten ihn töten lassen, aber offenbar hatten sie Angst vor einem Aufstand unter den iranischen Kurden.

Als mein Vater nach Hause kam, erzählte er uns, was er im Gefängnis erlebt hatte. Es waren furchtbare Geschichten. Er wusste schon nicht mehr, wie oft sie ihn an einem sich drehenden Deckenventilator aufgehängt hatten. Im Winter hatte er in einem mit Eiswasser gefüllten Behälter draußen im Freien stehen müssen. Er war ein körperlich gebrochener Mann, als er endlich freikam, und sollte nicht mehr viele Jahre leben.

Langsam, aber sicher nahm die islamische Revolution die ganze Nation in ihren eisernen Griff, Männer und Frauen. Mädchen durften ab dem Alter von neun Jahren nur noch verschleiert auf die Straße gehen. Nagellack wurde verboten, ebenso Schminke. Es gab Häuser und Institutionen, in denen spezielle Wächter dafür sorgten, dass keine geschminkte Frau eingelassen wurde. Die Frauen durften in der Öffentlichkeit nicht das kleinste bisschen Haar zeigen. Der schwarze Tschador, den bald alle Frauen tragen mussten, ließ nur einen Sehschlitz für die Augen frei. In den Schulen wurden Mädchen und Jungen rigoros getrennt; sie durften sich nicht mehr in den gleichen Räumlichkeiten aufhalten. Der Westen war der „Große Satan“, und alles und jedes, was aus dem Westen stammte, war automatisch böse.

Und als ob all diese systematische Unterdrückung noch nicht genug war, brach im September 1980 auch noch der Krieg mit dem Irak aus. Ein Hauptkriegsschauplatz waren die Grenzgebiete zwischen den beiden Ländern – die Gegend, wo wir wohnten.

Kapitel 12

Krieg!

Eines Morgens Anfang Oktober 1980 stand ich vor unserem Palast, übermüdet und wie unter einem Schock. Meine Augen brannten vor Schlafmangel, Hände und Füße taten mir weh. Die Männer in der Familie und die Dienerschaft hatten die ganze Nacht hindurch geschuftet, um neben dem Wirtschaftsgebäude einen großen Schutzraum auszugraben, eine Art improvisierten Luftschutzbunker. Sie waren eineinhalb Meter tief gekommen, die großen Haufen Erd- und Schuttaushub waren stumme Zeugen ihres Fleißes. Ich hatte mitgearbeitet, ich wollte das. Aus der Ferne hatten wir die ganze Nacht den Donner der Kanonen und das Krachen der Bomben gehört. Ständig flogen MIG-Jäger und Hubschrauber über uns hinweg. Vor ein paar Tagen waren die ersten Bomben auf meine Heimatstadt gefallen. Ich war gerade bei meinen Cousins zu Besuch, und als die Explosionen kamen, rannte ich los, nach Hause. Als ich die Auffahrt zu unserem Anwesen erreichte, fiel eine Bombe auf meinen Hund, Aref. Wie es ihn hochschleuderte und zerriss, das Bild hat sich für immer in mein Gedächtnis gebrannt.

Am 22. September 1980 hatte der Irak dem Iran den Krieg erklärt. Hatte Saddam Hussein Angst, dass die iranische Revolution auf die unterdrückte schiitische Bevölkerung im Irak übergreifen und man ihn aus dem Amt jagen könnte? Oder glaubte er, dass unser Land nach der Revolution so geschwächt war, dass es eine leichte Beute wäre, was den Irak zur neuen Großmacht in der Region gemacht hätte? Der Iran und der Irak stritten sich auch seit vielen Jahren um den genauen Grenzverlauf am Grenzfluss Arvan Rud (auch Schatt Al-Arab genannt), der aus dem Zusammenfluss von Euphrat und Tigris entsteht und in den Persischen Golf mündet. Saddam wollte Land zurückhaben, das der Irak verloren hatte.

Der Krieg traf vor allem den Teil des Irans, wo wir wohnten – das westliche und südwestliche Kurdistan. Irakische Bomben fielen auf unsere Städte und Dörfer, dazu kam der Beschuss durch Panzer und Artillerie. Innerhalb von nur wenigen Tagen hatte ich zahlreiche Freunde und Bekannte verloren und das Weinen schnürte mir beständig die Kehle zu.

An diesem Tag hatte mein Vater beschlossen, alle Frauen, Kinder und Alten in unserer Familie aus Gilan e Gharb – der Stadt, in der ich aufgewachsen war, die ich liebte und die ich in- und auswendig kannte – zu evakuieren. Ich musterte unser Haus und musste denken: „Das ist das letzte Mal, dass du das siehst."

Die Stimme von Khalo Assad riss mich aus meinen Gedanken. *Khalo* bedeutet „Onkel mütterlicherseits"; er war auch ein Onkel meines Vaters und ein Mensch, den ich sehr mochte. Er sagte mir: „Du übernimmst eine Gruppe von zwölf Frauen und dazu ein paar Alte und Kinder. Hier hast du etwas Munition. Sei sparsam damit, wir brauchen jede Kugel. Wenn der Feind euch erwischt, erschieß zuerst deine Leute und dann dich selber. Der Feind darf keine Frau lebendig in die Finger kriegen."

Wir hatten gehört, dass die Soldaten die Frauen der Feinde routinemäßig vergewaltigten, und das wollte Khalo verhindern.

Er reichte mir ein paar Streichholzschachteln und mehrere Brote. „Und teilt euch das Wasser gut ein. In eurem Versteck wird es keins geben."

Mit meinen 13 Jahren war ich jetzt also für diese Menschen verantwortlich, die ich, wenn es sein musste, mit der Waffe verteidigen würde. In meiner kommunistischen Zelle hatte ich den Umgang mit Waffen gelernt. Ich hatte Zielschießen geübt, aber noch nie hatte ich auf Menschen geschossen. Aber jetzt war ich „Guerillasoldat", und das war eine hohe Verantwortung. Und ein spannendes Abenteuer. Mitten in all dem Chaos war ich trotzdem irgendwie zuversichtlich. Es würde Probleme geben, aber ich würde sie lösen; irgendwie würde ich immer einen Ausweg finden.

Und gleichzeitig spürte ich, dass das Leben für mich und meine Familie nie mehr so sein würde wie vor dem Krieg. Und darin hatte ich vollkommen recht.

Ich stopfte die Streichholzschachteln und das Brot in meinen alten, abgetragenen olivgrünen Rucksack und prüfte, ob ich auch genug Schmerztabletten, Durchfallmedizin, Verbände und sonstige Erste-Hilfe-Artikel dabeihatte. Ich fragte, wo mein Vater war. Ich wollte ihn noch einmal sprechen, bevor wir loszogen, aber es hieß, dass der Emir beschäftigt sei und keine Zeit habe.

Eine der alten Frauen aus meiner Gruppe kam zu mir und fragte: „Glaubst du, dass die Iraker sich an mir vergehen werden?"

Ich musste an mich halten, um nicht loszukichern. Die Frau war uralt und ihr Gesicht verschrumpelt wie eine Rosine. Aber was sollte ich ihr antworten? Irgendwo in mir war doch noch Hoffnung und ich sah sie an und sagte: „Es wird alles gut. Khodá wird uns helfen."

Die Iraner und Kurden nennen Gott „Khodá"; das Wort entspricht dem hebräischen „El Shaddai". Das Wort „Allah" wird im Persischen nur in Lesungen aus dem Koran benutzt.

Da kam schon der große graue Kipplaster, mit dem wir fahren würden. Normalerweise transportierte man damit Erde und Schotter. Die Alten und Kinder wurden zuerst eingeladen. Insgesamt waren es zwischen vierzig und fünfzig Frauen und Kinder, die in das Zagrosgebirge gebracht werden sollten. Dort gab es Höhlen, in denen man sich verstecken konnte. Als alle auf der Ladefläche waren, brummte der Laster los.

Auf dem Weg hinaus aus der Stadt begegneten wir unserem ehemaligen Koch, meinem alten Freund Mardan, der jetzt in einem Hotel arbeitete. Er stoppte den Laster, um einen Sack mit Konserven zu mir hochzuwerfen.

Ich hatte keine Vorstellung davon, was die Zukunft bringen würde, aber ich hatte keine Angst. Ich trug kurdische Männerkleider – dunkle Hosen, Kittel, um den Bauch eine breite Schärpe. Mein langes schwarzes Haar steckte in einem schwarzweiß karierten Tuch, das um den Kopf gewickelt war. Dazu noch der Gürtel mit mehreren Messern, der Patronengürtel über der Brust und die Kalaschnikow über der Schulter, und ich sah genauso aus, wie man sich einen jungen Guerillakämpfer vorstellt.

Meine Mutter musterte mich kopfschüttelnd. Ich wusste genau, was sie dachte: „Wann wirst du endlich ein Mädchen?"

Viele der Kinder und Frauen weinten. Mit angsterfüllten Augen schauten sie zum Himmel hoch. Meine Mutter wurde immer hysterischer. Sie dachte an all das Silber und die kostbaren Teppiche in unserem Haus. Sie hatte nur ein paar Decken dabei sowie etwas Schmuck und Kleider. Man konnte kein vernünftiges Wort mit ihr reden; sie war ganz besetzt von ihrer Wut und Angst.

Sie machte sich auch Sorgen um meinen Vater und meine Brüder, die sie jetzt zurücklassen musste. Sie, die sich ihr ganzes Leben lang nur hatte bedienen lassen und nie gelernt hatte, etwas selbst zu tun, war jetzt, wo sie fast ohne eine Dienerin ins Ungewisse fuhr, hilflos wie ein kleines Kind.

Nach ein paar Stunden erreichten wir die Stelle, ab der wir zu Fuß weitermussten. Der Laster kehrte um, um die nächste Gruppe Frauen aus der Stadt zu holen. Ich sah zu den Berghängen hoch und merkte: Jetzt wurde es ernst. Der steinige Steig wand sich steil nach oben zu der Höhle. Wir hatten etliche Stunden Fußweg vor uns; dass die älteren Frauen das schafften – unmöglich.

Als ich da stand und darüber nachdachte, wie ich meine Gruppe zu der Höhle bekommen sollte, sah ich einige Nomaden, die ein Stück weiter weg ihre Sommerzelte aufgeschlagen hatten, und da kam mir eine Idee. Ich ging hin und fragte das Familienoberhaupt, ob wir vielleicht ihre Esel ausleihen durften. Der Mann war gerne bereit, uns zu helfen, sagte aber, dass er die Esel nicht lange entbehren konnte, da sie demnächst das Lager abbrechen und weiterziehen wollten. Er sah mich an und sagte: „Solche Jungs wie dich braucht Kurdistan!“

Die Tochter unseres Holzträgers sah mich kichernd an und sagte: „Gut, dass das deine Mutter nicht hören kann!“

Ich schüttelte dem Mann die Hand und sagte: „Da du so freundlich bist und uns hilfst, werden einige von uns mit euch gehen, um eure Schafe und Ziegen vor Viehdieben zu schützen, wenn ihr weiterzieht.“

Dank der Esel schafften wir es alle zu der Höhle. Oder, genauer gesagt, bis zu der Stelle, wo man die nackte Bergwand hochklettern musste, um die Höhle zu erreichen. Es war inzwischen zehn oder elf Uhr nachts und der Mond schien hell.

Einer meiner Cousins, der berggeübt war, kraxelte die Felswand hinauf, erreichte die Höhle, suchte und fand eine Strickleiter, befestigte sie und warf sie zu uns herunter. Sie war ein Geschenk des Himmels, diese Strickleiter. Ich hatte gar nicht gewusst, dass es sie gab, und dankte Gott stumm, dass mein Vater an alles gedacht hatte. Auch mit dieser Erleichterung brauchte es noch seine Zeit, bis wir alle oben waren. Viele Frauen hatten Angst, die Leiter hochzusteigen, die manchmal bedenklich schwankte.

Endlich hatten wir es alle geschafft. Mir fiel ein Stein vom Herzen. Jetzt konnten wir endlich Feuer machen und Tee kochen!

Ich kam aus dem Staunen über meinen Vater nicht heraus. In der Höhle fanden wir jede Menge Säcke mit Weizenmehl, die irgendjemand hochgetragen hatte. Es gab Teekannen, Kochtöpfe und sogar ein Blech zum Brotbacken.

Dies war keine gewöhnliche Höhle. Sie verzweigte sich zu kleineren Nebenhöhlen, die wie die Zimmer in einer Wohnung waren. Irgendjemand hatte aus den Felswänden Schlafnischen herausgehauen. Ich war schon viele Male mit Papa in den Bergen gewesen, aber nie hatte er mir diese Höhle gezeigt.

Bald hatte jeder einen Platz für sich und seine Siebensachen gefunden. Es tat mir weh, wie meine Mutter aussah – richtig klein, wie zusammengeschrumpft.

Wir hatten in der Haupthöhle ein Feuer angezündet, dessen Rauch nach oben zur Decke stieg. Die

Tasse Tee in dieser Nacht werde ich nie vergessen; sie schmeckte fantastisch. Ich reichte Mama eine ausgehöhlte Orange, die mit Tee gefüllt war. Das hätte ich besser nicht getan. Sie warf die Orange weg, dass der Tee in alle Richtungen spritzte, ging in ihre Ecke und legte sich hin.

Einige der Frauen begannen, Brot zu backen. In einem Eimer machten sie einen Teig, den sie zu kleinen Laiben formten, die sie anschließend in der Glut am Rand der Feuerstelle backten. Bald erfüllte der Duft frisch gebackenen Brotes die Höhle und weckte unseren Appetit – und die Lebenshoffnung.

Mehrere von uns hatten sich, als wir die Höhle erreichten, sofort hingelegt und waren eingeschlafen. Manche lagen in Decken gehüllt auf dem Felsboden. Einige hatten Steine in Tücher gewickelt und benutzten sie als Kopfkissen. Ich hörte das Schnarchen. Die Luft war warm und eine leichte Brise ging. Es war unsere erste Nacht in unserer Felsenhöhle. Viele weitere sollten noch folgen.

Kapitel 13

Undank ist der Welt Lohn

Es dauerte nicht sehr lange und das Wasser wurde knapp. Meine Mutter war so hysterisch, dass man nicht mit ihr reden konnte. Die allgegenwärtigen Wespen und Fliegen waren eine große Plage. Die Wespen waren groß und rot und sehr aggressiv. Wenn sie stachen, entstanden richtige Beulen. Gegen die Wespen konnte ich nichts tun. Aber Wasser holen konnte ich, und ich beschloss, es zu tun.

Es waren auch ein paar Männer unter uns, aber die waren voll beschäftigt. Im hintersten, tiefsten Teil der Höhle waren zwei der älteren Männer dabei, eine Toilette anzulegen. Sie versuchten, ein Loch in den Boden der Höhle zu hacken, und hatten einen glatten Stein zum Sitzen gefunden, den sie dorthin bugsieren wollten. Sie arbeiteten hart.

Ich sprach eine der jüngeren Frauen, Leyla, an und fragte sie, ob sie Lust hatte, am nächsten Morgen zusammen mit mir loszuziehen, um frisches Wasser zu holen, vielleicht auch ein paar Tomaten. Leyla war Feuer und Flamme. Und so stiegen wir früh am nächsten Morgen, zwischen vier und fünf Uhr, auf dem rutschigen Saumpfad ins Tal hinunter. Ich hatte einen von Mamos Eseln dabei. Mamo war ein jüngerer Bruder meines Vaters, der mit seinen Frauen, Kindern und

Dienstboten zu uns in die Höhle gekommen war. Die Esel tranken für meinen Geschmack viel zu viel Wasser und manchmal hatte ich Lust, sie zu erschießen. Aber jetzt würde einer von ihnen unsere Wasserschläuche und mehrere Säcke mit Proviant nach oben tragen. Einen Großteil des Weges musste ich barfuß laufen, weil die Lederstiefel meine Füße halb wund scheuerten, aber Umkehren kam für mich nicht infrage. Ich war schon als Kind unerhört hartnäckig gewesen; wenn ich mir etwas vorgenommen hatte, zog ich es auch durch.

Es war immerhin einfacher, den Berg hinunterzusteigen als hinauf, und bald hatten wir die drei bis vier Kilometer zu dem Talgrund, wo der Fluss war, hinter uns gebracht. Weiter weg sahen wir ganze Kolonnen von Militärlastern und Panzern; die Straßen, auf denen sie fuhren, lagen gar nicht weit von unserem Versteck entfernt.

Wir banden den Esel an einen Baum und robbten das letzte Stück zum Fluss, über einen Acker, auf dem Melonen, Tomaten und Gurken wuchsen. Wir trennten uns, damit man uns nicht beide gleichzeitig entdecken konnte. Meine Fantasie machte Ausflüge. Was, wenn gleich ein Soldat mit dem Gewehrlauf auf meinen Rücken zielte? Oder der nächste Stein eine Tretmine war? Aber der Gedanke an den Durst meiner Gefährten trieb mich weiter. „Du schaffst das", dachte ich, „wir brauchen Wasser."

Meine eine Hand war um eine Handgranate gepresst. Die Öse des Sicherungsstiftes lag um meinen Daumen. Wenn ich entdeckt oder beschossen wurde, würde ich die Granate zünden und so Selbstmord begehen. Lebendig würden sie mich nicht kriegen! Meine Gefühle waren erloschen, für mich gab es nur noch meine Aufgabe – unseren Leuten in der Höhle Wasser zu bringen.

Ich erreichte den Fluss und füllte die Schläuche mit Wasser. Die Wasserschläuche waren geschlachtete Lämmer, die man geköpft, sauber ausgenommen und von innen nach außen gedreht hatte; man füllte das Wasser durch die Halsöffnung ein. Die Schläuche waren groß und nach dem Befüllen sehr schwer. Ich schleppte sie nacheinander keuchend zu dem Esel. Als ich das zweite Mal zum Esel kam, war Leyla da, die es ebenfalls geschafft hatte. Frohgemut begannen wir den Rückweg. An einem verlassenen kleinen Bauernhof füllten wir die Packtaschen des Esels noch mit Auberginen, Tomaten, Gurken und Honigmelonen.

Nach mehreren beschwerlichen Stunden erreichten wir endlich die Höhle. Als wir näher kamen, hörten wir Weinen und Geschrei. Was war da los? Ich ließ den Esel bei Leyla zurück und kletterte die Felswand hoch. Jetzt hörte ich die Stimme meiner Mutter: „Mir kann keiner helfen, es ist alles aus!"

Alle standen sie um meine Mutter herum. Auch die anderen Frauen weinten. Mamo stiefelte hin und her. Dann sah mich eine der Frauen und rief: „Da ist sie! Da ist sie!"

Alle sahen mich an, als ob ich ein Gespenst sei. Was hatten sie nur? Dann stürzte meine Mutter herbei, die ihre Kleider zerrissen hatte. Mit wahnsinnigen Augen sah sie mich an und schlug mich so heftig ins Gesicht, dass meine Nase zu bluten begann.

„Warum bist du nicht tot? Wenn du tot wärst, hätte ich mich nicht mehr um dich zu sorgen brauchen! Da hätte ich gewusst, wo du bist!"

Dann war Mamo da und schrie mich an: „Ich sollte dir das Haar abscheren und dich auspeitschen und mit einem Hirten verheiraten! Was hast du gemacht? Wo warst du? Wir dachten, die Iraker haben dich gekriegt! Du hast keine Scham im Leib, Madame General! Du bist eine Schande für die Familie!"

Ich nahm mein Kopftuch ab, trocknete mir das Blut von der Nase und sagte ruhig: „Ihr habt Wasser gebraucht. Leyla und ich sind zum Fluss gegangen und haben welches geholt."

Mamo tobte weiter: „Wenn wir nicht genug Wasser haben, ist das mein Problem und nicht deins, Mädchen! Wenn dir was passiert wäre, was hätte ich deinem Vater sagen sollen?"

Shamege sprang vor. Er stellte sich zwischen mich und Mamo. „Genug!! Ich weiß, welches Blut sie hat. Es ist das Blut des großen Davood-khan, der von Kermanschah bis zu den Grenzen der Ottomanen regierte. Sie ist eine kurdische Löwin und mehr wert als hundert Männer!"

Shamege hatte als sehr junger Mann in etlichen

Kriegen meines Urgroßvaters gekämpft. Einmal hatte eine Gewehrkugel seine Hand durchschlagen; er war sehr stolz auf die Wunde. Als Kinder liebten wir ihn. Er konnte spannende Kriegsgeschichten erzählen und Gedichte aufsagen, die die Menschen zur Ehre von Urgroßvater geschrieben hatten. Er war die rechte Hand von Emir Suleyman gewesen, aber jetzt war er alt und konnte zu seinem Verdruss nicht mehr Seite an Seite mit Papa kämpfen. Für seine 85 Jahre war er immer noch groß und stark. Was ihn am meisten behinderte, waren seine immer schlechteren Augen.

Jetzt hörte ich von unterhalb der Höhle Leylas Schreie. Alle traten zu dem Felsabsatz und schauten nach unten. Dort rannte Leylas Schwiegermutter Jeyran mit einem Stock hinter ihr her.

Mein Cousin Kamran trat zu mir und klopfte mir auf die Schulter. „Ich bin stolz auf dich! Ich hoffe, dass die Iraker 'ne Bombe hier in die Höhle schmeißen!"

Er ging zurück zum Esel und lud die Vorräte von seinem Rücken. Er hielt eine Melone hoch und rief: „Das hier dürfen nur Soheila, ich, Leyla und Shamege essen!"

Der Empfang, den meine Verwandten in der Höhle mir bereitet hatten, machte mich verbittert. Ich spürte, wie der Abstand zu ihnen immer größer wurde. Mir war zum Heulen zumute. Ich hatte niemanden, mit dem ich richtig sprechen konnte, keinen, der mich verstand. Papa, der Einzige, der immer klar dachte und sich nicht von seinen Gefühlen beherrschen ließ, war weit weg. Was, wenn er schon tot war? Lieber nicht daran denken ...

Das Einzige, was mir half, wenn die schwarzen Gedanken kamen, waren Papier und Bleistift – um meine Gefühle in ein Gedicht zu fassen. Wie so oft schon, kamen meine Verwandten mir wie Fremde vor. Nur mein Vater nicht. Irgendwie gehörte ich nicht zu ihnen. „Ich will nicht zu denen hier gehören", dachte ich. „Ich will hier raus, ich will frei werden." Aber ich wusste natürlich: In unserer Kultur war der einzige Weg, seine Geburtsfamilie hinter sich zu lassen, die Heirat. Den Kopf voller Gedanken, setzte ich mich in meine kleine Nische und begann, im Schein einer Kerze zu schreiben.

Shamege kam zu mir, setzte sich und sagte: „Ich kenne diese Sippe hier schon lange. Sie hat deinen Urgroßvater getötet. Wäre er nicht von einem Verwandten ermordet worden, wäre er vielleicht der Schah von Persien geworden und der ganze Stamm stünde heute ganz anders da. Hör nicht auf sie! Ich weiß, dass du ein kluges Mädchen bist. Ich weiß, dass du Verstand im Kopf hast!"

Er packte meine Hand und schüttelte sie. „Meine Hochachtung!"

Ich antwortete: „Danke, Shamege. Das hab ich gerade gebraucht."

Shamege fuhr fort: „Wenn du hier nicht verrückt werden willst, solltest du anfangen, etwas Sinnvolles zu tun. Du wolltest doch den Kindern hier Unterricht geben. Also: Fang an! Bring ihnen was bei!"

Ich versprach ihm, darüber nachzudenken. „Aber jetzt bin ich müde. Ich muss schlafen."

Shamege ging und ich wickelte mich in meine Decke und legte mich auf die harte Steinpritsche, trotz allem ein wenig stolz, dass es mir gelungen war, frisches Wasser für die Menschen in der Höhle zu holen.

Kapitel 14

Nimm das Gift!

Wir warteten auf Neuigkeiten aus dem Tal und aus Tagen wurden Monate. Der Herbst schritt kräftig voran und die Luft im Zagrosgebirge wurde immer kühler. Wenn ich vor dem Eingang unserer Höhle saß, roch ich den Duft der reifen Wildäpfel und Wildpistazien. Wir litten keinen Hunger, denn es kam regelmäßig jemand von den Männern der Sippe hinauf zu uns und brachte weitere Konserven sowie Obst und Gemüse. Dazu backten die Frauen jeden Tag frisches Brot über dem offenen Feuer. Aber langsam schlich sich die Angst vor dem unerbittlich näher kommenden Winter, der Minusgrade bringen konnte, in die Herzen. Wir wussten alle, wie tief der Schnee hier oben sein konnte.

Tagsüber unterrichtete ich die Kinder oder saß auf dem Felsabsatz vor der Höhle und verfolgte mit dem Feldstecher, wie wieder einmal Bomben und Raketen auf meine Heimatstadt und ihre Umgebung niedergingen und alles, was mir teuer war, in Schutt und Asche legten. Jeden Abend versammelten wir uns, um Shameges Erzählungen zu lauschen. Shamege fiel es äußerst schwer, bei uns in der Höhle auszuharren. Wie er sich wünschte, auch unten bei den Truppen zu sein und mitkämpfen zu können! Er sagte zu den Frauen:

„Warum trage ich Männerkleidung? Eigentlich sollte ich mich rasieren und Kleider anziehen wie ihr!"

Wenn Shamege so sprach, wurde Mamo zornig auf ihn. Für Shamege war Mamo ein Hasenfuß, der sich zwischen den Frauen, Alten und Kindern versteckte. Es kam oft zu Konflikten zwischen den beiden Männern, aber aufgrund der Achtung, die er vor unserer Familie hatte, hielt Shamege meist den Mund und saß einfach da, drehte an seinem Bart, rauchte und murmelte vor sich hin. Nach einer Weile nahm er dann seine aus einem Papyrusstängel geschnitzte Flöte, setzte sich etwas abseits und spielte anmutige Melodien. Ich mochte Shamege und seine Art sehr.

Eines Tages Anfang Dezember besuchte mein großer Bruder uns in unserem Schutzversteck. Er hatte mehrere Granatsplitter abbekommen und humpelte stark. Aber seine Stimmung war aufgeräumt und er verkündete: „Ihr könnt zurück ins Tal! Wir haben sie besiegt!"

Das glaubte er jedenfalls.

Er hatte einen Militärlaster organisiert, mit dem er uns in die Stadt zurückbringen wollte. Allgemeine Freude und Erleichterung griffen um sich, alle fassten wieder Hoffnung. Der Hasenfuß Mamo nutzte die Gelegenheit, sich in einen Helden zu verwandeln, und sagte meinem Bruder: „Es war nicht leicht hier oben, das kann ich dir flüstern!"

Ich schüttelte den Kopf, umarmte meinen Bruder und fragte, wie es Papa ginge. „Gut", erwiderte er.

„Aber er ist nicht in der Stadt. Er ist an der Grenze im Einsatz."

Der Abstieg von der Höhle verlief reibungslos. Onkel Mamo redete in einem fort davon, dass er sich schon auf den Kebab und andere Leckereien freute, die er jetzt bald wieder essen könnte. Und dass er sofort zurück musste in sein Dorf, um nach seinem Vieh zu sehen. Auch für mich gab es Dinge, auf die ich mich freute: ein warmes Bad und ein weiches Bett. Und vor allem darauf, meinen Vater wiederzusehen. Der Gedanke daran versetzte mich in Eile, bis mein Bruder mich zurückrief, der nicht wollte, dass mir womöglich etwas passierte, wenn ich ganz allein die Vorhut machte. Er hielt es für sicherer, wenn unsere Gruppe zusammenblieb. Ich drosselte notgedrungen mein Tempo; einige von uns waren schon ziemlich alt und taten sich schwer mit den großen und kleinen Felsblöcken, die wir überwinden mussten.

Endlich hatten alle den Militärlaster erreicht und wir fuhren los. Die Straßenränder nach Gilan e Gharb waren gesäumt von ausgebrannten Panzerwracks; hier und da sah man halb verstümmelte Leichen. Es war ein furchtbarer Anblick. Viele Obstbäume waren verbrannt; die verkohlten Skelette der Orangenbäume und Dattelpalmen zeigten wie schwarze Ausrufezeichen des Todes zum Himmel. Die Stadt war nicht wiederzuerkennen. Überall zerstörte, niedergebrannte Häuser. Fast alle auf dem Laster weinten. Wie sollten sie ihre Häuser wiederfinden?

Schließlich erreichten wir die Straße, an der unser Palast lag. Oder soll ich sagen: gelegen hatte? Vor uns stand eine ausgebrannte Ruine. Das Dach war völlig zerstört. An die Mauern hatte jemand Bilder von Saddam Hussein geklebt. Im Hof lagen in mehreren Haufen unsere einstmals so prachtvollen Kissen und Bettdecken. Ich wollte in die Bibliothek stürmen, um zu sehen, welche von Papas Büchern noch da waren, aber mein Bruder hielt mich zurück. „Lass, das ist zu gefährlich! Die Dachbalken, die es noch gibt, können jeden Augenblick einstürzen!"

Ich war untröstlich und unfähig, mit jemandem zu reden. Wir hatten hier keine Bleibe mehr; wohl oder übel mussten wir weiterfahren. Ein Jeep brachte uns in ein Bergdorf, das zu unserem Stamm gehörte und etwa zehn Kilometer von der Stadt entfernt lag. Dort wohnte ein Mann, der die Ländereien verwaltete, die Papa noch verblieben waren. Sein Haus war eines der wenigen in dem Dorf, die unbeschädigt geblieben waren. Als wir ankamen, schlachtete er sofort ein Lamm und briet es für uns an einem Spieß über offenem Feuer.

Man machte auch Wasser für uns warm und nach ein, zwei Stunden war das Badewasser fertig und wir begaben uns in ein rundes Gebäude mit Bambuswänden, über die als eine Art Dach Decken gebreitet waren. Drinnen war ein Sitzstein, auf dem man sich waschen konnte. Ein Mädchen überspülte uns mit lauwarmem Wasser aus Eimern, während wir uns einseiften. Danach lieh die Frau des Hauseigentümers meiner Mutter und mir Kleider aus; unsere eigenen waren nach den langen Wochen in der Höhle, gelinde gesagt, reinigungsbedürftig. Ich weiß nicht mehr, wie viele Stunden wir schliefen, denn ich war so müde, dass ich auf der weichen Matratze sofort einschlief. Es war Monate her, dass ich in einem richtigen Bett gelegen hatte.

Früh am Morgen weckte mich das Krähen der Hähne. Ich ging zum Bach und wusch mir das Gesicht mit dem eiskalten Wasser aus den Bergen. In Frauenkleidern sah ich wie ein gewöhnliches kurdisches Mädchen aus, ein Mädchen ohne Diener und ohne Wächter. Ich fühlte mich frei!

Als ich zum Haus zurückging, sah ich Kholam, einen von Oma Gohars Bediensteten. Ich beschleunigte meinen Schritt. In der Stube fand ich Oma Gohar auf einem Kissen thronend vor. Ich lief rasch zu ihr und umarmte sie. Sie trug hohe Reitstiefel und, wie immer, ihren Pistolengürtel. Sie hatte mit ihrem roten Jeep die lange, beschwerliche Fahrt durch die Berge nicht gescheut.

Oma sagte: „Ich will euch nicht verlieren! Ihr müsst mit mir kommen!“

Meine Mutter wurde wieder einmal hysterisch. „Ich kann doch nicht hier alles liegen und stehen lassen und einfach mit dir davonfahren! Ich weiß ja nicht einmal, was mit meinen Söhnen ist!“

Oma Gohar drückte mich fester und flüsterte:

„Pack deine Sachen! Du kommst mit und deine Tante auch.“

Ich sah zu meiner Mutter hinüber und flüsterte zurück: „Ich kann sie nicht allein lassen, sie braucht mich.“

Meine Großmutter versuchte mit Engelszungen, meine Mutter zu bewegen, mit ihr zu fahren. Vergeblich. Nach dem Mittagessen trat sie die Rückfahrt an – allein. Vorher gab sie mir noch eine größere Summe Geld und sagte: „Wir sehen uns wieder, mein Schatz.“

Mama hatte schlimme Kopfschmerzen und ich war tatsächlich ratlos. Von meinem Vater und meinen Brüdern wussten wir nichts Genaues und die Zukunft war ein einziges Fragezeichen. Meine Schwestern hatten wir bei uns; die jüngste, Maryam, war erst fünf Jahre alt.

Nach ein paar Tagen kam Papa endlich zurück. Fast erkannte ich ihn nicht wieder. Sein Haar war ganz grau geworden, der Bart war lang und verfilzt. Unter seinen Augen lagen dunkle Schatten. Ich fragte die Männer, die bei ihm waren, was passiert war und warum er so verändert aussah. Was sie berichteten, eschreckte mich: Papa war in einem Unterschlupf von einer Giftschlange gebissen worden und hatte sehr hohes Fieber gehabt. Das Gift hatte dazu geführt, dass seine Haut sich abschuppte.

Papas Verwalter machte sich auf die Suche nach der heilkundigen Kräuterfrau des Dorfes. Nach einer Stunde kam er mit ihr zurück. Sie schickte uns alle aus dem Zimmer, damit sie Papa untersuchen konnte. Dann gab sie ihm verschiedene Kräuter zum Einnehmen und befahl ihm Ruhe und strenges Krankenlager.

Die Männer, die mit ihm gekommen waren, waren hungrig, und alle begaben sich in die Küche. Ich folgte ihnen. Der Raum war klein und der Geruch von Schweiß, Tabakrauch und dem verbrannten Lampenöl nahm mir fast den Atem, sodass ich kurz hinausging, um Luft zu schnappen. Aber die Neugierde trieb mich zurück. Was diese Männer erlebt hatten, musste ich unbedingt hören! Auf einen weichen Eselssattel gekauert, lauschte ich gebannt. Sie erzählten davon, wie sie auf irakisches Gebiet vorgedrungen waren, um die Leichen ihrer Freunde zu holen. Schließlich klangen ihre Stimmen immer entfernter, meine Augen wurden schwerer und ich schlief ein.

Als ich aufwachte, war alles um mich still. Alle waren fort. Ich lief ins Haupthaus. Meine Mutter war wach. Sie sagte: „Gut, dass du aufgewacht bist. Wir müssen weg. Hier können wir nicht bleiben."

„Wo ist Papa?", fragte ich.

„Er konnte nicht bleiben. Es ist zu gefährlich für ihn; es gibt hier zu viele Leute, die ihm ans Leben wollen."

„Und was machen wir jetzt?"

„Ali, unser Wildhüter, wird bald kommen und uns abholen. Er bringt uns in die Berge. Wir bleiben erst einmal bei einem Cousin von uns, der dort eine Hühnerfarm hat."

Ich suchte meine wenigen Habseligkeiten zusammen – meine Kalaschnikow, mein Tagebuch, etwas Verbandmaterial und ein Kopftuch. Diese Flucht, das spürte ich, war erst der Anfang. Wir würden noch sehr lange keinen heimatlichen Ort mehr unser Eigen nennen dürfen.

Die Fahrt war chaotisch. Krankenwagen und Militärfahrzeuge in Kolonnen kamen uns entgegen; wir wurden von irakischen Kampfflugzeugen mit Raketen beschossen.

Die Hühnerfarm unseres Verwandten lag an der Straße nach Kermanschah. Sie war riesengroß, mit Zehntausenden Hühnern. Es gab einen großen Garten mit Obstbäumen, in dessen Mitte eine große eingeschossige Villa aus roten Ziegeln stand. Irakische Bomben hatten das Gebäude beschädigt. Fast alle Fenster waren fort, aber wenigstens hatten wir ein Dach über dem Kopf. Etwa fünfzig weibliche Verwandte hießen uns willkommen – sie waren aus allen Richtungen hierher in die Berge gekommen, um dem Krieg zu entfliehen. Einige hatten die leeren Fensterhöhlen mit Pappe zugenagelt.

Meine Mutter fühlte sich wie ein Fisch im Wasser unter all den klagenden, weinenden und schwatzenden Frauen. Sie rauchten selbst gedrehte Zigaretten und sangen Klagelieder.

Viele Frauen hatten Kinder verloren – meine Spielkameraden von früher. Ich war so müde, dass ich mir eine Decke nahm und mitten in all dem Trubel einschlief. Ich war den Krieg gründlich leid und sehnte mich zurück nach den Tagen, als Friede gewesen war.

Als ich aufwachte, hörte ich gerade eine der ältesten Frauen sagen: „Ich habe Gift mitgenommen. Genug, dass es für alle reicht. Kommt, teilen wir es gleich auf!“

Meine Mutter stimmte ihr überraschend enthusiastisch zu. „Das war klug von dir! Ja, verteilen wir es!“

Die Frau riss ein Tuch in kleine Stücke und tat in jeden Fetzen etwas von einem weißen Pulver. Dann gab sie jeder Frau ihre Dosis und wies sie an: „Gebt zuerst euren Kindern etwas, bevor ihr den Rest schluckt. Die Iraker dürfen uns nicht lebendig kriegen.“

Kannten diese Menschen eigentlich kein anderes Thema mehr als den Tod? Jetzt kam die Alte zu mir und reichte mir meine Giftportion. „Hier, das ist für dich!“

Ich sagte: „Ich will nicht sterben. Ich will leben!“

Meine Mutter herrschte mich an: „Nimm es schon und versteck es irgendwo!“

Dann sagte jemand hinter mir: „Nimm es ruhig. Wir können es ja immer noch den alten Tanten geben.“

Fast musste ich grinsen. Ich drehte mich um und hinter mir stand Zaid, der Sohn von Khalos Diener Abeji. Was der wohl hier machte? Ruhig nahm ich meine Giftration entgegen.

Kapitel 15

Viele kamen nicht zurück

Ich sah Zaid an und lächelte. „Seit wann bist du hier?"

„Seit ein paar Tagen. Ich bin gekommen, um mich von den Verwandten zu verabschieden."

Alle Frauen in Zaids Familie mochten ihn. Seine Mutter war im Wochenbett gestorben und eine der Dienerinnen in unserem Haus hatte sich um ihn gekümmert. Zaids Familie gehörte seit Generationen zu unserer Dienerschaft. Sein Vater Abeji hatte den Spitznamen „Generalanzeiger", weil er immer die neuesten Neuigkeiten wusste und sie jedem, der sie hören wollte, auf die Nase band. Vor dem Krieg hatte er in einem kleinen Haus bei uns gewohnt und war von Tür zu Tür gegangen, um den neuesten Klatsch zu verbreiten. Abeji machte man sich ungern zum Feind; er hatte eine Macht, wie sie heute die Medien besitzen.

Ich hatte Zaid meine ganze Kindheit hindurch gekannt. Er sah unverwechselbar aus mit seinem Besenstiel von Körper, seinen unglaublich großen Augen und dem dicken, wuscheligen Haarschopf. Als Kind hatte er frühzeitig erwachsen werden müssen, aber seine Seele war dabei nicht ganz mitgekommen. Mit seinen jetzt 18 Jahren hatte er immer noch das Gesicht eines Zwölfjährigen.

Früher durfte ich nie mit ihm reden, weil er in

Mamas Augen nur ein dreckiger Diener war, der Zigaretten rauchte. Aber jetzt sah sie uns an, ohne einzugreifen, und ich redete weiter. „Und wo willst du hin, wenn du dich verabschiedet hast?"

Stolz trat in seine Augen. „An die Front. Zum Kämpfen."

Ich war sprachlos. „Du willst in den Krieg? Du verstehst doch gar nichts von Waffen!"

Er berichtete, dass er eine zweiwöchige Grundausbildung bekommen hatte und jetzt mit einem Gewehr umgehen konnte.

Meine Gefühle waren zwiespältig. Zaid, der Junge, der sich nie hatte richtig satt essen können, der nie anständige Kleider gehabt hatte, der weder lesen noch schreiben konnte – Zaid zog in den Krieg! Er würde unsere Gefallenen rächen, Waffen tragen und ein Märtyrer werden. Ein Held unseres Landes!

Und ich? Musste ich hierbleiben unter lauter alten Schachteln, die schon ihren Selbstmord planten? Nur weil ich eine Frau war und kein Mann? Es war alles so ungerecht! Warum musste ausgerechnet ich eine Frau sein? Zorn stieg in mir auf. Aber Zaid war so glücklich und ich wollte ihn nicht verletzen und so sagte ich: „Ich freu mich für dich. Weißt du, ich würde so gerne mit dir in den Krieg ziehen."

Er lachte. „Ja, du magst Waffen, ich weiß. Ich hab mir immer gewünscht, an deiner Stelle zu sein. Du hast immer alles gehabt. Was sind das übrigens für Bücher, die du da liegen hast?"

„Das hier ist ein Kriegsroman. Er heißt *Krieg und Frieden.*“

Zaid seufzte. „Ich habe mir immer so gewünscht, auch lesen und schreiben zu lernen. Kannst du mir nicht ein wenig vorlesen?“

Wir gingen hinaus in den Hof und ich setzte mich auf einen Stein. Kaum hatte ich mit dem Vorlesen begonnen, sammelten sich etliche weitere junge Leute um uns, um ebenfalls zuzuhören. Nach einer Stunde Lesen war ich müde. „Morgen geht's weiter.“

Ich schaute auf Zaids Schuhe hinunter; sie waren halb zerrissen. Ich holte ein Paar neuer orangefarbener Stiefel aus meinem Rucksack. „Wirf deine Stiefel weg und nimm meine! Im Krieg brauchst du gute Schuhe.“

Ihm traten die Tränen in die Augen. „Es ist wirklich schade, dass du ein Mädchen bist, Soheila. Sonst könnten wir Freunde sein.“

Er hustete immer wieder. Ich fragte: „Warum rauchst du, Zaid?“

„Weil ich ein erwachsener Mann bin. Und das sollen alle sehen. Alle Männer rauchen.“

Ich wechselte das Thema. „Wie fühlt man sich so, wenn man an die Front fährt?“

Er erwiderte, dass er sich bisher nie wie ein vollwertiger Mensch vorgekommen war. Alle hatten sie ihn wie einen Hund behandelt. „Aber jetzt kriege ich mein eigenes Gewehr und meinen Sold und beschütze euch alle. Jetzt haben die Leute Achtung vor mir und wollen mit mir reden. Guck dir nur dich selber an: Früher wolltest du nie mit mir reden und jetzt geht's doch prima!"

„Das stimmt nicht", antwortete ich. „Ich wollte immer mit dir reden, aber du weißt ja, was meine Familie davon hält, wenn ich mit Jungen rede – und dann noch mit dem Sohn eines Dieners."

An diesem Abend erzählte Zaid mir viel aus seinem Leben und wie man als Diener behandelt wurde. Je mehr er erzählte, umso trauriger wurde ich. Wieder musste ich denken: „Warum ist das Leben so ungerecht?"

Eine ganze Woche lang konnten wir uns unterhalten und Freunde sein. Zaid war so glücklich, dass er mit mir reden konnte, als ob es zwischen uns keine Standesunterschiede gäbe. Ich versprach ihm, ihm Lesen und Schreiben beizubringen, sobald er aus dem Krieg zurück war. Dann fuhr er an die Front. Zwei Wochen später kam die Nachricht. Zaid war gefallen.

Zaid war nur einer von Tausenden iranischer Kurden, die in diesem Krieg, der sich über acht Jahre hinzog, ihr Leben ließen. Ich verlor auch meinen Lieblingscousin Sina, mehrere von Papas Cousins verloren ihre Söhne. Unser Koch, Mardan, hatte zwei Söhne, die ebenfalls fielen; als ich klein war, waren sie mir wie Brüder gewesen. Mehrere Jungen und Mädchen aus meiner Schulklasse kamen um oder verschwanden auf Nimmerwiedersehen.

Der Krieg war furchtbar und scheußlich. Er veränderte uns, die wir ihn erlebten, für immer. Ich begann, immer mehr im Hier und Jetzt zu leben, denn die Zukunft kennt man ja nicht. Ich habe so viel verloren …

Wie ich es sehe, gibt es zwei Sorten von Menschen – die, die schon einmal einen Krieg erlebt haben, und die, die noch keinen erlebt haben. Die Ersteren hängen für den Rest ihres Lebens nicht mehr so sehr am Materiellen, sie wissen, dass man alles verlieren kann. Sie wissen, dass Menschen wichtiger sind als Dinge. Heute, im wohlbehüteten Schweden, habe ich manchmal den Eindruck, dass die Menschen hier sich um Probleme sorgen, die gar keine sind. Sie scheinen das Haar in der Suppe zu suchen. Aber soll ich mich wegen eines bloßen Haars verrückt machen?

Kapitel 16

Verlorene Jugend

Der Krieg hat mir acht Jahre von meiner Jugend gestohlen und mich für immer verändert. Aber das Leben ging weiter. 1983 – es herrschte gerade ein Waffenstillstand – begann meine Mutter, Pläne für die Rückkehr in unser Haus in Gilan e Gharb zu machen. Auch mein Vater wollte zurück zu den Seinen. Ich absolvierte gerade mein letztes Jahr im Gymnasium in Kermanschah, als meine Eltern umzogen. Ich selber blieb in Kermanschah und zog zu meinen Brüdern, die eine große Wohnung hatten.

Mein Vertrauen in die Kommunistische Partei hatte ich verloren; zu viele unserer führenden Genossen waren geflohen oder hatten uns verraten. An wen oder was sollte ich jetzt glauben? Ich war völlig orientierungslos.

Eine meiner Tanten – eine von Papas jüngeren Schwestern – ging öfter in ein Gebetshaus der Derwische. Die Derwische sind eine Art mystischer Mönchsorden im Islam, dessen Mitglieder ein sehr einfaches Leben führen. Sie rasieren sich nicht und schneiden sich nicht die Haare. Sie halten Versammlungen ab, in denen sie während des Gebets tanzen. In Ekstase schneiden sie sich, ohne zu bluten, oder essen Glas, ohne Schaden zu nehmen. Die schiitischen Derwische verehren Ali, einen Cousin Mohammeds, den sie in vielen Liedern besingen. „Lerne von Ali, seinem schlichten Leben und seiner Rechtschaffenheit. Dies lass dein Vorbild sein." Für manche Derwische hat Ali ungefähr die gleiche Bedeutung wie für die Christen Jesus. Die Derwische sind in der Bevölkerung sehr beliebt.

Eines Nachmittags lud meine Tante mich ein, sie zu den Derwischen zu begleiten. Wir betraten einen sehr großen Raum; alle Anwesenden saßen in einem großen Kreis. In der Mitte des Kreises beteten und sangen die Derwische. Ich hatte immer schon eine Sehnsucht nach Gott in mir gespürt, aber dieser Tanz, die Ekstase und die Wunden, die diese Männer sich zu Alis Ehre zufügten – ich verstand es nicht, ja es stieß mich ab. Es war mein erster und letzter Besuch bei den Derwischen. Zuzusehen, wie sie sich in die Wangen schnitten, widerte mich an.

Ein paar Wochen nach meinem Schulabschluss (also gewissermaßen dem Abitur) fuhr ich zurück in meine Heimatstadt. Es gab keine großen Abschlussfeierlichkeiten wie in manchen anderen Ländern, man erhielt einfach das Abschlusszeugnis, das zum Studium an einer Universität berechtigte. Der Haken daran war, dass nur der einen Studienplatz bekam, der den Segen des Mullahregimes hatte; das fachliche Können spielte keine Rolle. Ich wusste genau, dass ich nicht fromm genug für einen Studienplatz war.

Also kehrte ich nach Hause zurück. Es war ein grausames Wiedersehen. Der Krieg hatte Gilan e Gharb fast bis zur Unkenntlichkeit zerstört. Alle meine Lieblingsplätze waren nichts mehr als Trümmerfelder.

Papa hatte zahlreiche Handwerker angestellt, die dabei waren, unser Haus wiederaufzubauen. Mehrere Räume waren bereits fertig und dort wohnten wir. Das Leben nach dem Krieg war ganz anders als das vor dem Krieg. Es gab keine Gäste. Diener hatten wir nur noch ganze zwei. Meine Mutter versuchte allen Ernstes, kochen zu lernen.

Einer von Papas Hirten zog zu uns. Jacki hatte sein ganzes Leben lang in den Bergen gewohnt; als Kind hatte ich ihn dort bei der Schafschur erlebt und die frische Ziegenmilch genossen, die er mir immer zu trinken gegeben hatte. Jetzt hatten die Iraker ihm seine Herden weggenommen und er war darüber sehr erbittert und deprimiert. Mit seinen 30 Jahren hatte er noch nie in einem richtigen Haus gewohnt. Alles war neu für ihn. Er wusste nicht, wozu ein Kissen gut war. Er weigerte sich, im Haus zu schlafen, sondern rollte seine Schlafmatte lieber draußen unter einem Rosenstrauch aus und hüllte sich in eine Decke.

In meiner Kindheit gab es in meiner Heimat Menschen, die den gleichen Lebensstandard und die gleiche Bildung hatten wie die Menschen im Westen, aber auch solche, die in recht primitiven Verhältnissen lebten. Das ist auch heute noch so und dies gilt es mitzubedenken, wenn es darum geht, was die Flüchtlinge, die aus dem Nahen Osten in die westlichen Länder kommen, brauchen.

Einige Monate später mussten wir Gilan e Gharb erneut verlassen, weil der Krieg wiederaufgeflammt war. Als die ersten Bomben fielen, fuhr Papas Chauffeur uns mitten in der Nacht aus der Stadt heraus. Wir wollten zu einem Onkel meines Vaters, der in Kermanschah wohnte, wo es sicherer war. Jacki, der ja niemanden mehr hatte, nahmen wir mit.

Jacki hatte noch nie in einem Auto gesessen und hatte panische Angst – so sehr, dass er sich weigerte, einzusteigen. Die Lage ließ kein langes Warten zu und nach einigem Hin und Her packten ihn zwei von Papas Männern kurzerhand, schoben ihn in den Kofferraum und verschlossen den Deckel.

Die Fahrt war der reinste Albtraum – 100 Kilometer auf Gebirgsstraßen und ohne Scheinwerfer. Jeden Augenblick konnte eine Bombe das Auto treffen. Unser einziges Licht war der Mond. Das mit Lehm getarnte Auto war nur ein Schatten unter anderen Schatten.

Endlich erreichten wir Kermanschah, wo wir bei dem Großonkel wohnen würden, der ein großes mehrstöckiges Haus gemietet hatte.

Der Chauffeur öffnete den Kofferraumdeckel und sagte zu Jacki: „Du kannst raus!“

Jacki stieg aus dem Kofferraum und schaute um sich. Überall nichts als Autos. Er bekam solche Angst, dass er zur nächsten Straßenlaterne sprang und sie hochkletterte.

Wir baten und bettelten, doch Jacki weigerte sich, herunterzukommen. Der Chauffeur wurde immer wütender. Er zog an seinem Schnurrbart und fauchte schließlich: „Wenn du nicht sofort runterkommst, brate ich dich bei lebendigem Leib!"

Jacki bekam nur noch mehr Angst. Er klammerte sich mit aller Kraft an dem Laternenpfahl fest und rief zurück: „Ich werde nie runterkommen!"

Mehrere Stunden ging das Theater weiter. Da die Straße eine Durchgangsstraße war, kam es zu einem Verkehrsstau. Die Menschen blieben stehen und sahen sich das Spektakel an. Schließlich kamen Polizei und Feuerwehr und holten Jacki mittels einer Leiter von der Laterne herunter. Er bekam ein Zimmer im Untergeschoss des Hauses meines Großonkels. Es dauerte etliche Tage, bevor er sich das erste Mal nach draußen traute.

Danach machte er mehrere Fluchtversuche, aber der Chauffeur fing ihn jedes Mal wieder ein. Das Stadtleben machte Jacki Angst, er wollte zurück in die Berge. Da wir zu wenig Diener hatten, versuchte meine Mutter, ihm beizubringen, wie man in der Stadt lebte, und ihm klarzumachen, dass all die Autos und Menschen ganz normal und nicht gefährlich waren. Als Bestechungsgeschenke benutzte sie Cola und Zigaretten. Mit der Zeit beruhigte Jacki sich etwas. Aber unseren Chauffeur hasste er von Herzen.

Wir wohnten nicht sehr lange im Haus von Papas Onkel. Bald zogen wir in ein Anwesen um, das einem Cousin meiner Mutter gehörte. Zusammen mit meiner Großmutter väterlicherseits wohnten wir in einem der kleineren Häuser auf dem Grundstück. Den ganzen Krieg hindurch half man sich in den Familien, so gut es ging, mit Wohnraum, Geld und Essen. So ist das in einer familienbetonten Kultur, im Guten wie im Schlechten.

Kapitel 17

Keine Totenwache für Staatsfeinde

Ich habe erwähnt, dass ich 13 Jahre alt war, als der Krieg zwischen dem Irak und dem Iran ausbrach. Fast ein Jahr lang konnte ich nicht zur Schule gehen. Die Lage in unserem Teil des Irans war chaotisch. Ständig zogen wir zu den nächsten Verwandten um, deren Haus (noch) nicht durch Bomben oder Granaten zerstört war, und mein Vater war seit der letzten Haft körperlich am Ende.

Unsere Verwandten wohnten in der großen Stadt Kermanschah oder der umliegenden Region. Während ich darauf wartete, das Gymnasium beginnen zu können, arbeitete ich als freiwillige Helferin im Roten Halbmond, dem islamischen Gegenstück zum Roten Kreuz. Ich teilte Lebensmittel an Menschen aus, die (ähnlich wie wir) Haus und Hof, Verwandte und Freunde verloren hatten. Manchen ging es noch schlechter; sie hatten schlicht alles verloren. Ich erinnere mich auch, dass ich Decken vom Roten Halbmond mit nach Hause nehmen durfte, damit wir in den kalten Nächten nicht so frieren mussten.

Damals war Kermanschah noch keine Millionenstadt, aber doch eine Großstadt, und sie wurde regelmäßig zum Ziel furchtbarer Bombardierungen. Eines Tages kam der Fliegeralarm, als meine kleine Schwester Maryam und ich gerade vor der Schule standen. Während wir zu dem Schutzraum rannten, ging ganz in der Nähe eine Bombe nieder. Die Fenster zerbarsten und eine der Scherben traf mich am Kopf, dass das Blut nur so herausschoss. Ich riss die Scherbe heraus, wickelte mein Kopftuch fest um die Wunde und rannte weiter. „Ist nicht so schlimm!“, rief ich Maryam zu.

Wenn die Bomben kamen, wurden die Schulen für mehrere Tage oder auch Wochen geschlossen. Danach ging der Unterricht weiter. So war das in den Jahren, in denen ich auf das Gymnasium ging.

Wenn ich nach dem Unterricht nach Hause fuhr, sah ich durchs Busfenster oft die Leichen am Straßenrand. Kinder, denen die Eingeweide hervorquollen. Männer ohne Kopf. Nicht nur die Narbe an meinem Kopf ist bis heute sichtbar; auch die seelischen Kriegsnarben spüre ich noch. Das ist etwas, was ich mit vielen Menschen teile, die vor dem Kriegselend in ihrem Land nach Europa geflohen sind.

Manchmal sah ich, wenn ich im Unterricht saß, wie die feindlichen Bomber ihre Last außerhalb der Stadt abwarfen – dort, wo meine Lieben wohnten. Ich wusste dann nicht, ob ich sie noch lebendig vorfinden würde, wenn ich von der Schule nach Hause kam. Die Angst war unser ständiger Begleiter, aber mit der Zeit gewöhnt man sich an sie und ihr Stachel wird stumpf.

Zum Teil aus Rache für das, was die Mullahs meinem Vater in der Haft angetan hatten, schloss ich mich mit 15 Jahren dort in Kermanschah erneut einer kommunistischen Zelle an. Ich war bereits Jahre zuvor, in meiner Heimatstadt Gilan e Gharb, in einer solchen Gruppe gewesen, die von einem Cousin von mir geleitet wurde. Damals hatte meine große Schwester mich dort eingeführt. Die Zelle bestand aus mehreren jungen Burschen und Mädchen sowie dem Zellenleiter, der uns Unterricht in Marxismus gab. Wer sechs Monate lang treu mitgemacht hatte, wurde Vollmitglied und nach mehreren Jahren wurde man ein „Shirike Faddai", ein voll ausgebildeter kommunistischer Guerillakämpfer. Meine Brüder, meine ältere Schwester, eine Tante und mehrere Cousins, die Mitglieder waren, hatten einen starken Einfluss auf mich. In dieser Gruppe fand ich viel Liebe und Wärme.

Damals, als ich elf Jahre alt war, war der Widerstand gegen den Schah auf seinem Höhepunkt. Meine Freunde und ich waren oft draußen auf der Straße und bewarfen die Polizei mit Molotowcocktails. Ich fand das einerseits einfach abenteuerlich, andererseits wollte ich auch Rache üben für das, was das Schahregime meinem Vater, meinem Großvater väterlicherseits und unserer ganzen Familie angetan hatte. Außerdem war ich eine Waffennärrin. Waffen sind das Thema vieler kurdischer Lieder. Sie sind ein zentraler Teil des Lebens eines Kurden; sie geben Schutz und Autorität und sind die besten Freunde. Ich hatte vor, mein Leben für Kurdistan zu opfern. Kurdistan sollte ein Land werden, in dem jeder ungehindert die kurdische Sprache sprechen konnte, auch in der Schule. Ich wollte als Kurdin akzeptiert werden und ich wollte als Kurdin leben und sterben.

Meine Mutter hat wohl geahnt, was ich da trieb, aber sie drückte beide Augen zu, weil die Kinder ihrer Schwester ja auch mitmachten. Vielleicht glaubte sie auch, dass wir lediglich marxistische Schriften lasen und sonst nichts anstellten.

In meinem ersten Gymnasialjahr in Kermanschah vertraute man mir die Leitung einer kommunistischen Zelle von sieben Schülern an. Inzwischen herrschten im Iran die Mullahs. Die kommunistische Partei war verboten, ihre Anhänger wurden verfolgt, inhaftiert und gefoltert. Doch das hinderte uns nicht daran, uns einmal in der Woche zu treffen, um die Parteizeitung *Kar* („Arbeit") zu lesen und uns darüber zu unterhalten, wie wir die Menschen mit der Botschaft des Marxismus erreichen konnten. In der Zelle waren alle gleich; es war egal, ob jemand aus der Oberschicht oder aus der Arbeiterklasse kam – was mir sehr gefiel.

Nachts verteilten wir Propagandaschriften und schrieben regimefeindliche Parolen an Hauswände. An als zuverlässig bekannte Genossen gaben wir verbotene Bücher über den Marxismus-Leninismus weiter. Es war oft schwierig für mich, an den Aktivitäten der Zelle teilzunehmen, weil meine Eltern mich nicht allein, ohne die Begleitung durch einen Diener, auf die Straße gehen ließen. Um zu den Treffen gehen zu können, musste ich zu kleinen Lügen greifen, zum

Beispiel der, dass ich Nachhilfestunden hatte oder dass die Schlange vor der Brotausgabe so lang gewesen war.

Eines Tages gab unser Kaderleiter mir den Auftrag, ein neues Mädchen in der Schule zu kontaktieren. Ich bekam die Adresse und ging hin. Zahra und ihre Lieben wohnten in einem kleinen Kellerraum unter einer Konditorei. Ich werde nie ihr Gesicht vergessen, als ich sie das erste Mal sah. Ihre Haut war bleich, aber ihre schwarzen Augen waren voller Leben. Sie war bereit, für ihre Überzeugungen alles zu tun!

Wir gingen bei der Aufnahme neuer Mitglieder sehr vorsichtig vor. Zudem wusste ich lediglich, wer mein direkter „Vorgesetzter" war, aber schon nicht mehr, wen dieser über sich hatte. Nach mehreren Treffen nahmen wir Zahra in unsere Zelle auf.

Wenn wir nachts unsere Zeitungen verteilten, wurden wir oft von der Religionspolizei der Pasdaran (Revolutionsgarde) gejagt. Eines Nachts, als Zahra und jemand anderes aus unserer Gruppe unterwegs waren, stolperte Zahra auf der Flucht vor der Polizei und wurde verhaftet. Ungefähr gleichzeitig inhaftierte man auch den Mann meiner älteren Schwester (sie waren frisch verheiratet).

Unser Kaderleiter wies uns an, in der nächsten Zeit keine Treffen abzuhalten und alle Spuren unserer Aktivitäten zu vernichten. Das bedeutete, dass wir sämtliche Plakate und Schriften im Keller in einem Topf zu Brei kochten. Verbrennen konnten wir sie nicht, denn dann hätte das halbe Viertel nach verbranntem Papier gerochen, worauf die Polizei sofort eine Razzia gemacht hätte.

Eine Nacht nach der anderen zerkochten wir unser Propagandamaterial zu einer Masse, die wir anschließend zu papiernen Teigklumpen formten. Die Klumpen sammelten wir in Säcken, die mein Cousin Kami dann mitten in der Nacht zum Fluss fuhr und ins Wasser warf. Einmal folgte die Pasdaran-Polizei seinem Auto. Es kam zu einer wilden Jagd, aber Kami entkam seinen Verfolgern.

Der einzige Sohn meines Onkels väterlicherseits hatte weniger Glück; die Religionspolizei erschoss ihn. Wir durften ihn nicht auf dem Friedhof beisetzen, sondern mussten ihn außerhalb der Stadt, auf dem „Platz des Fluches", begraben. Auch die im Iran eigentlich üblichen und bei einem so jungen Menschen besonders großen Trauerfeierlichkeiten waren nicht möglich; die Polizei verbot uns, unser Haus für Trauergäste zu öffnen und die Totenwache zu halten.

Ich spürte, wie die Angst mir jetzt doch langsam in die Poren drang. Meine Brüder waren auf der Flucht, mein Schwager und Zahra verhaftet, mehrere meiner Cousins waren untergetaucht und einer tot. Bestimmt wurde Zahra gefoltert, um die Identität der anderen Zellenmitglieder preiszugeben. Was, wenn ihr Widerstand zusammenbrach? Dass morgens, wenn ich zur Schule ging, jetzt immer ein Pasdaran-Offizier in seinem Auto saß und unsere Straße überwachte, trug nicht gerade dazu bei, meine Unruhe zu besänftigen.

Sechs Monate lang hörten wir nichts von Zahra. Dann traf ich eines Tages ihre Mutter auf der Straße. Von ihr erfuhr ich, dass die Religionspolizei Zahra getötet hatte. Aber vorher hatte man sie vergewaltigt, weil nach dem iranischen islamischen Recht die Hinrichtung von Jungfrauen verboten war ... Ich bebte vor Abscheu und Wut. Wann endlich würde denn der Terror in meinem Land enden?

In diesen sechs Monaten wussten wir auch nichts über meinen Schwager. Er und meine Schwester waren erst ein paar Wochen verheiratet gewesen, als sie ihn verhafteten, aber meine Schwester war schwanger geworden. Durch einen Cousin meiner Mutter, der bei der Polizei war, erfuhren wir, dass mein Schwager lebte und in Kermanschah im Gefängnis saß. Wir beantragten eine Besuchserlaubnis. Nach etlichen Wochen erhielten wir sie auch.

Der Besuchstag war der Donnerstag. Ich werde nie die lange Warteschlange vergessen, die weit vor den Gefängnistoren begann. Schritt für Schritt kamen meine hochschwangere Schwester und ich dem Gefängnistor näher. Dann die Leibesvisitation, dann endlich ein Raum, der durch eine Glaswand geteilt war, und hinter der Glaswand, an einem Tisch, mein Schwager, Kores. Wir erkannten ihn fast nicht wieder, so entstellt war sein Gesicht von der Folter.

Kores' Vater war einer der höchsten Generäle des Schahs gewesen, bis das neue Regime ihn absetzte. Seine Verwandten wurden verfolgt und jede Karrieremöglichkeit war ihnen verbaut. Kores selbst war Diplomingenieur mit Schwerpunkt Ölförderung und eigentlich ein gefragter Mann in der Ölindustrie, aber aufgrund seiner Familienzugehörigkeit sollte es noch sehr lange dauern, bis er eine qualifizierte Arbeit bekam.

Meine Schwester weinte und weinte. Sie war außer sich vor Verzweiflung. Die ganze Zelle war von ihrem Leiter verraten worden; der ganze Kampf war sinnlos gewesen.

Mit neun Jahren bekam Soheila von ihrem Vater die persische Übersetzung von „Pippi Langstrumpf“. Pippi wurde ihr großes Vorbild im Leben.

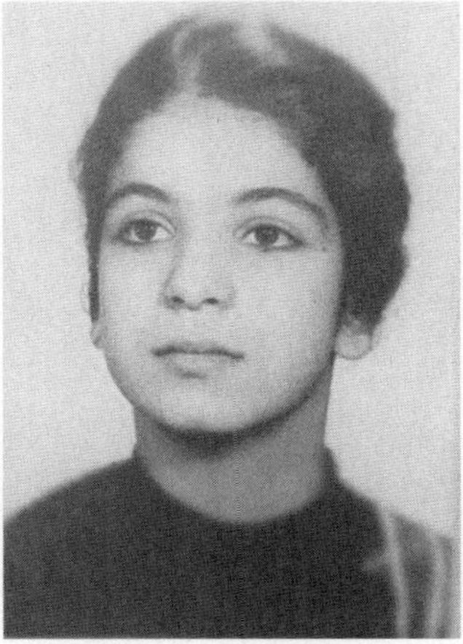

Als der Krieg zwischen dem Iran und dem Irak ausbrach, war Soheila 13. Sie musste sich mit einer Gruppe aus Frauen, Kindern und Alten in einer Höhle im Zagrosgebirge verstecken, die sie im Ernstfall gegen die Iraker hätte verteidigen sollen.

Soheilas Vater, Ghodrat (sitzend), mit einer der Schwestern seiner Frau und einem Bruder. Das Bild wurde auf einem der zahlreichen Sommerfeste der Familie aufgenommen.

Soheilas Vater, Ghodrat Davoodian-Gilan, war Emir im kurdischen Kalhor-Stamm. Dies ist das letzte Bild von ihm vor seinem Tod mit nur 55 Jahren.

Soheilas Eltern hatten eine Traumhochzeit, die 17 Tage dauerte. Hier die Braut, Forough, in ihrem Kleid aus weißer Spitze und Federn. Es war eine von den Familien arrangierte Ehe, wie damals üblich.

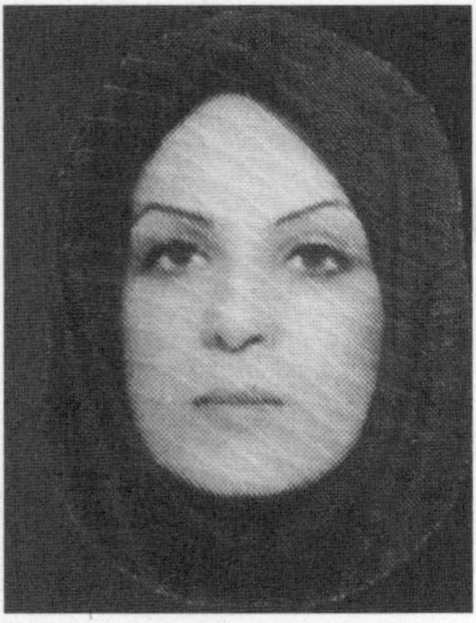

Nach der Machtergreifung durch die Mullahs mussten alle Frauen im Iran, egal, ob gläubige Muslimas oder nicht, einen Schleier tragen.

Bei ihrer ersten Hochzeit war Soheila 18 Jahre alt. Die Hochzeit war der Beginn einer langen Leidenszeit.

Soheilas Ururgroßvater Davood-kahn war nach Meinung der Geschichtsschreiber der größte und mächtigste aller Emire im kurdischen Stamm der Kalhor.

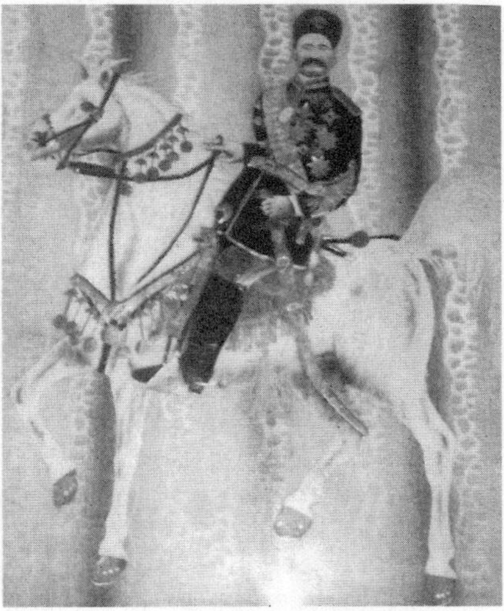

Soheila in der traditionellen Tracht der Kalhor, mit einem großen schwarz-weiß-roten Seidenturban.

Schon als Kind war Soheila eine Waffennärrin. Da war es nur natürlich, dass sie in Karlskoga (Schweden) die Jägerprüfung ablegte.

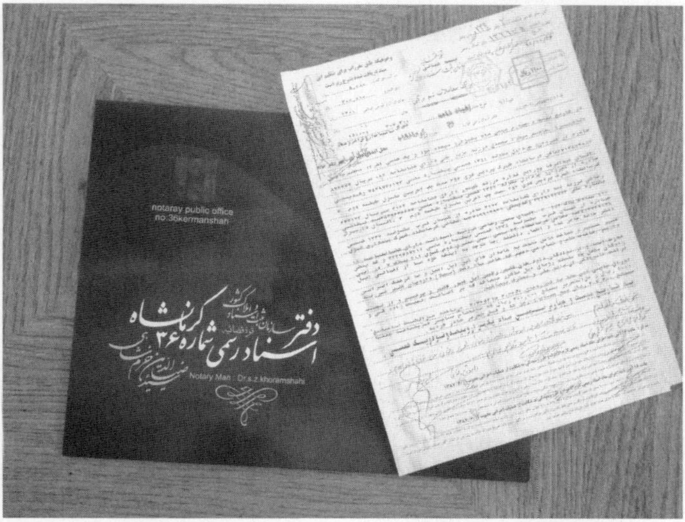

Im Jahr 2013 erhielt Soheila ein von vier Clanführern unterzeichnetes und notariell beglaubigtes Dokument, in dem sie als Prinzessin ihres Stammes anerkannt wird.

Pastor Gunnar Hellerby spielte in der Zeit in Hedemora eine wichtige Rolle in Soheilas Leben.

Im Teehaus in Karlskoga werden heute echte Perserteppiche geknüpft. Es war Soheilas Idee, die Kunst des Teppichknüpfens in den Westen zu holen. Wer weiß, vielleicht gründen einige der Frauen ihre eigenen Teppichmanufakturen.

Rosa Huset, 2 tr.
Tehuset
för kvinnor, av kvinnor

In Soheilas Kindheit durften nur Männer die Teehäuser besuchen. Deswegen eröffnete sie in Schweden ein Teehaus für Frauen, das Immigrantinnen aus ihrer Isolation herausholen, sie in die schwedische Gesellschaft integrieren und ihnen bei der Arbeitsplatzsuche helfen soll.

Im Sommer 2013 konnte im Garten von Haus Sara dank einer Spende von Länsförsäkringer Bergslagen ein schöner Spielplatz eingerichtet werden.

Soheila und Kjell Fors mit ihren Kindern Sara (13) und Samuel (11) im Jahr 2012.

Soheila (rechts) hat schon mehrere Treffen mit der Regierungspräsidentin von Örebro, Rose-Marie Frebran, und Königin Silvia von Schweden gehabt. Dieses Bild stammt von einem Diner im Schloss in Stockholm im Jahre 2013 aus Anlass des 40-jährigen Thronjubiläums des Königs, an dem Soheila als Vertreterin des Verwaltungsbezirks Örebro teilnahm.

Kapitel 18

Unerwünscht umworben

In meinem Land konnte es vorkommen, dass Kinder schon im Mutterleib verlobt wurden. Ehe – das war nicht Liebe, sondern die Verbindung zweier Familien. Solange ein Paar noch nicht getraut war, durfte es keine gemeinsamen Unternehmungen geben; zu zweit zum Essen auszugehen war undenkbar; selbst ein bloßes Gespräch war nur im Beisein Dritter möglich.

Viele junge Männer der kurdischen Minderheit im Iran wohnten nicht mehr in ihrem Heimatort oder waren nach Europa ausgewandert. Brauchten sie eine Braut, riefen sie ihre Mutter an und baten sie, eine zu besorgen. Gab es in der eigenen Verwandtschaft kein geeignetes Mädchen, sah sich die Mutter in anderen Familien nach einer guten Frau für ihren Sohn um. Glaubte sie, eine geeignete Kandidatin gefunden zu haben, bat sie um ein Foto, das sie dann ihrem Sohn schickte. Die junge Dame ihrerseits erhielt ein Bild ihres Zukünftigen. Die beiden konnten gerne miteinander telefonieren, aber sich nicht persönlich treffen – ein Arrangement, das eine erwartungsvolle Atmosphäre schuf, die leicht zu unrealistischen Vorstellungen vom künftigen Partner führte. Gefiel dem jungen Mann das, was er da hörte und auf dem Foto sah und sagte das Mädchen nicht Nein, plante man die Hochzeit.

Ich wurde so gut wie verlobt, als ich noch im Bauch meiner Mutter lag. Als sie und eine ihrer Schwestern gleichzeitig schwanger wurden, beschlossen sie, dass die Kinder einander heiraten würden, falls sie verschiedenen Geschlechtes sein sollten. Meine Mutter besiegelte das Abkommen, indem sie meine Nabelschnur aufbewahrte, als sichtbares Zeichen, dass ich für den Sohn ihrer Schwester bestimmt war. Ich wuchs zusammen mit diesem Cousin auf; er war für mich wie ein Bruder. Irgendwann zog er nach Europa, aber das Abkommen zwischen den Schwestern galt weiter. Da weder er noch ich ein Interesse an dieser arrangierten Ehe hatten, führte das zu ziemlichen Problemen in der Familie.

Ich erinnere mich an ein Gespräch, das ich als Teenagerin mit dieser Tante hatte. Sie sagte: „Wenn mein Sohn wieder heimkommt, könnt ihr heiraten und glücklich miteinander werden."

Ich seufzte und sagte: „Ich weiß noch nicht, wie ich meine Zukunft gestalten will."

Sie lächelte mich aufmunternd an. „Ich kann deine Hochzeit gar nicht erwarten!"

Ich stand auf und sagte wütend: „Du kennst mich doch, seit ich ein kleines Mädchen war! Warum musst du mich in eine Ehe zwingen, die ich nicht will? Du bist gerade so wie Mama! Ihr wünscht euch, dass ich eine richtige Dame bin, aber das bin ich nun mal nicht. Ihr wollt, dass ich eine wohlerzogene Emirstochter bin, aber in Wirklichkeit bin ich ganz anders! Ich will nicht meine Zukunft für die Familie opfern! Ich kann Mamas ewige Pläne und Ideen nicht mehr hören!"

Meine Tante sagte, mit Tränen in der Stimme: „So etwas darfst du nicht sagen! Du hast eine wichtige Aufgabe in der Familie. Diese Ehe ist wichtig – für dich und für uns alle."

„Und was ist der Preis? Ich will nicht so ein Leben haben wie manche von euch. Ihr findet es eine heilige Pflicht, Frauen für eure Söhne zu finden. Sklaven zu sein, die die Kinder anderer Frauen verkuppeln. So ein Leben will ich nicht, ich will etwas anderes! Ihr lebt doch alle in einem Vogelkäfig. Kann ja sein, dass er aus Gold und Diamanten ist, aber Käfig ist Käfig!"

Meine Tante wurde dunkelrot vor Empörung. „Du nimmst wirklich kein Blatt vor den Mund. Du bist so anders als wir, dass es einem Angst macht. Beruhige dich und mach keine Dummheiten, die du später vielleicht bereust und die der ganzen Familie schaden."

Und damit verließ sie das Zimmer. Die von ihr erhoffte Ehe mit ihrem Sohn kam nie zustande.

Dafür kamen neue Offerten. Eines Tages sah ich, als ich von der Schule in Kermanschah nach Hause kam, jede Menge Autos vor dem Haus, in dem wir wohnten. Was war da los? Noch ehe ich die Tür erreichte, kam unsere Dienerin Ghazale angerannt und ließ mich wissen: „Deine Mutter sagt, dass du unmöglich in diesen Kleidern ins Haus gehen kannst. Geh durch den Hintereingang und zieh dich um. Kämm dich und zieh das Kleid an, das für dich da hängt!"

Ich sah sie verwundert an. „Warum?“

Sie lächelte. „Du wirst den reichsten Mann der Stadt heiraten.“

Ich war wie vor den Kopf gestoßen. *Was* sagte Ghazale da? *Heiraten*?

Plötzlich spürte ich eine Hand im Rücken, die mich nach vorne stieß. Es war meine Mutter. „Ich hab keine Zeit für deine Allüren. Offizier Chamchiri ist da. Zieh dich um, schnell!“

Offizier Chamchiri war ein entfernter Verwandter und im Übrigen ein hässlicher, spindeldürrer Soldat, der in unserer Stadt wohnte. Ich nahm mein Kopftuch ab, betrachtete meine Militärhose und das dünne Hemd und fragte: „Was ist an diesen Kleidern falsch?“

Meine Mutter legte mir die Hand auf den Mund und schob mich ins Haus und durch die Küche in das Dienstbotenzimmer, wo ein Kleid über dem Stuhl hing. Es war das hässlichste Kleid, das ich je gesehen hatte. Wo hatte Mama das aufgegabelt? Ich sagte ihr: „Geh schon mal zu den Gästen, ich komme gleich nach.“

Ich zog mich nicht um. Ich bürstete nur mein Haar und ging zurück in die Küche, wo Mamas Onkel saß. Er umarmte mich und sagte: „Meinen Glückwunsch zu deinem großen Tag!“

Ghazale kam mit ein paar Flaschen Cherbet (Kirschsaft) herein. Eine künftige Braut hatte den Gästen Cherbet und Plätzchen anzubieten. Als ich das Wohnzimmer betrat, begannen alle Hurra zu rufen und in die Hände zu klatschen. Ich begrüßte rasch an die vierzig Personen. Mit Blicken, die Bände sprachen, musterte meine Mutter meine Hose. Ich servierte den Anwesenden ihren Kirschsaft.

Aber offenbar waren der Offizier und seine Eltern mit dem, was sie da sahen, nicht zufrieden. Sie kamen nie wieder.

Ich bekam auch einen Heiratsantrag von einem anderen Verwandten, dem Sohn einer Cousine meiner Mutter. Seine Eltern nannte ich, wie das bei uns üblich war, „Onkel" und „Tante". Die Sache war bereits so weit gediehen, dass sie mit meinen Eltern über den *Mähriјeh* verhandelten – die Entschädigung, die ich bei einer eventuellen Scheidung bekommen würde – sowie darüber, wen man alles zur Hochzeit einladen und wie viel Gold ich bekommen würde.

Mein Onkel freute sich, dass ich bald seine Schwiegertochter wäre, die Frau seines einzigen Sohnes. Der Blick meiner Tante war nicht so warm. Wir hatten während des Krieges in ihrem Haus gewohnt, sodass sie wusste, was für ein Mensch ich war. Sie hatte nicht vergessen, wie ich einmal ihre Gefriertruhe geplündert hatte, um das Fleisch daraus unter den Armen zu verteilen.

Als die Gäste sich nach erfolgreichem Abschluss der Verhandlungen verabschiedeten, kam meine Tante zu mir und sagte: „Meine Schneiderin kommt demnächst zu dir, um Maß zu nehmen." Und mit Unheil verkündender Stimme und giftigem Blick fügte sie hinzu:

„Jetzt wird bald vieles in deinem Leben sehr anders werden …“

Ich schaute stumm auf den Fußboden. Sie mochte mich nicht – und das war gut. Ich musste einen Plan machen, und zwar sofort! Als die ganze Gesellschaft gegangen war, ging ich ans Telefon und rief eine Cousine von mir an, die eine notorische Klatschbase war. Ich erzählte ihr von der geplanten Hochzeit. Sie war ganz Ohr und gratulierte mir überschwänglich. Und dann sagte ich: „Diese Ehe kommt gerade richtig für meine kommunistische Zelle! Ich verkaufe den ganzen Plunder von meinem Mann und schaffe von dem Geld Waffen für uns an!“

Niemand im Haus hörte das Gespräch mit. Aber als ich ein, zwei Wochen später von der Schule nach Hause kam, traf ich meine Mutter in Tränen aufgelöst an. „Sie haben es sich anders überlegt! Deine Tante will nicht, dass du ihre Schwiegertochter wirst. Irgendjemand hat erzählt, dass du vorhast, sie aus dem Haus zu werfen und eine Bombenfabrik daraus zu machen.“

Mir fiel eine Riesenlast vom Herzen.

Auch der Sohn einer Tante väterlicherseits hielt um meine Hand an. Ich mischte etliche Tropfen eines Naturheilmittels in seinen Cherbet. Nach einer Stunde bekam er akutes Bauchkneifen und musste zur Toilette rennen. Die Sache war ihm so peinlich, dass er sich nie wieder bei uns blicken ließ. Sie ist ihm heute noch peinlich; ich habe ihn nie aufgeklärt. Aber vielleicht hat er einen Verdacht, denn noch heute sagt er manchmal mit vielsagendem Blick: „Das war vielleicht ein Cherbet, den du mir damals serviert hast!“

Kapitel 19

Ein mysteriöser Fremder

Als ich ungefähr 17 Jahre alt war und aufs Gymnasium ging, verliebte ich mich in einen jungen Mann, der mich in einem Geschäft ansprach. Er war ein echter Charmeur. Er behauptete, dass ich ihm auf der Straße vor unserem Haus aufgefallen war, weil ich so schön war.

Heute weiß ich, dass ich – typisch Teenager – eigentlich nicht in diesen Mann verliebt war; ich war in die Liebe verliebt. Wir waren nicht verwandt und niemand in meiner Familie kannte meinen Freund oder seine Familie. Für mich war er ein unbekannter und damit interessanter Fremder, das genaue Gegenteil der Cousins, die ich von Kindesbeinen an gekannt hatte und mit denen meine Familie mich hatte verheiraten wollen.

Endlich hatte ich die Tür in die Freiheit gefunden – das dachte ich zumindest. Für ein kurdisches Mädchen gab es damals nur eine Möglichkeit, seinen Familienclan zu verlassen: die Heirat. Für mich stand dieser junge Mann für Abenteuer und Aufbruch – genau das, was ich wollte. Ich konnte nicht ahnen, dass der Mann, der mich mit Schmeicheleien umwarb, auch noch ein ganz anderes Gesicht hatte.

An Tête-à-Têtes für Verliebte war im Iran natürlich

nicht zu denken. Wir schafften es trotzdem ein paarmal – heimlich, in einer Konditorei, die einem Bekannten meines Freundes gehörte. Wie verboten, wie romantisch! Er schilderte mir in leuchtenden Farben, wie wir in einer Stadt am Meer wohnen würden, wo er eine Firma hatte. Ich glaubte ihm jedes Wort.

Nach einer Weile schickte er seine Mutter und Tante zu uns, um in seinem Namen um meine Hand anzuhalten. Meine Mutter sagte Nein. Sie kannte diese Familie überhaupt nicht und diese Ehe war ihr nicht geheuer. Nach einem Monat kamen die Verwandten meines Freundes erneut zu uns und mit demselben Anliegen.

Ich vertrat meinen Standpunkt hartnäckig, wie ich es immer tat. Diesen Mann wollte ich – basta! Mein Vater war sehr besorgt. Er wandte ein, dass er den jungen Mann erst selbst sehen wollte, bevor die Familie den Heiratsantrag annahm. Irgendwie schien er wohl zu spüren, dass dieser Unbekannte kein guter Ehemann für mich sein würde. Aber wenn er sich mit ihm traf, würde unsere Verbindung auf die falsche Art offiziell werden.

Ich bat und bettelte und quengelte, bis es meiner Mutter zu viel wurde und sie sagte: „Mach, was du willst; es ist dein Leben."

Das Hochzeitsdatum wurde festgelegt und die Mitgiftverhandlungen begannen. Eigentlich sollten die beiden Parteien sich unter anderem einigen, wie viel Gold ich bekommen würde, falls die Ehe durch

Verschulden meines Mannes aufgelöst wurde. Ich, stur und rebellisch wie immer, sagte, dass ich in solch einem Fall mit einer Blume aus Zuckerwatte zufrieden wäre.

Zwischen Verlobung und Hochzeit kauft im Iran die Familie der Braut alles, was für einen voll ausgestatteten Haushalt nötig ist, von den Handtüchern bis zu Kühlschrank und Waschmaschine, während die Eltern des Bräutigams jede Menge Gold für die Braut kaufen; sie besorgen auch ein Auto und Haus und einen Arbeitsplatz für den Bräutigam. Das junge Paar beginnt das Eheleben also mit einer Rundum-Versorgung. Ich erwartete nichts anderes, als dass die Eltern meines Zukünftigen sich daran halten würden.

Ich war 18, als wir heirateten. Schon nach den ersten Monaten wusste ich, dass meine Eltern recht gehabt hatten. Dies war ganz und gar nicht der richtige Mann für mich. Auf den Bildern von unserer Hochzeit sieht mein Vater richtig bedrückt aus. Er sah damals bereits das, wofür ich noch blind war.

Noch am Hochzeitstag begann ich zu ahnen, dass der Mann, dem ich da mein Leben anvertraut hatte, nicht der war, für den er sich ausgegeben hatte. Der Bräutigam hat der Braut Gold und Schmuck zu schenken und mein Brautschmuck war auch wirklich schön. Das Problem war nur, dass er geliehen war. Als die Trauung vorbei war, kam seine Eigentümerin zu uns und wollte ihren Schmuck wiederhaben. Um eine Arbeitsstelle hatte mein Mann sich auch nicht gekümmert. Und wo sollten wir wohnen? Nicht in einer Stadt am Meer, sondern bei meinen Schwiegereltern, in einer winzigen Wohnung.

Wo hatte ich mich da bloß hineingeritten?

Kapitel 20

Ehesklavin

Bevor wir heirateten, hatte mein Zukünftiger mir, wie gesagt, unsere wunderbare Zukunft eindrücklich geschildert. Nach einem Umzug in den Südiran würden wir dort unsere gemeinsame Zukunft bauen – er als Ingenieur mit eigener Firma, ich als Herrin einer beeindruckenden Villa am Meer. Allzu bald musste ich nun entdecken: All die schönen Geschichten waren nichts als infame Lügen. Ingenieur? Eigene Firma? Mein Mann hatte nicht einmal eine Ausbildung. Küstenstadt und Villa am Meer? Es war nichts als ein Luftschloss.

Die bittere Realität sah gänzlich anders aus. Zusammen mit meinem Mann, acht seiner zehn Geschwister und seinen Eltern musste ich in einer Dreizimmerwohnung mit Küche in Kermanschah hausen. Am Tag nach meinem Einzug drückte meine Schwiegermutter mir einen Besen in die Hand und eröffnete mir, dass mein süßes Leben als Emirstochter jetzt vorbei war. Für sie war ich die Putzfrau und Dienerin der Familie. Ich war schockiert. Was geschah hier mit mir? Ich kam mir vor, als ob ich in der Hölle gelandet wäre. Der Schock über die Lügen meines Mannes und über die Unfreundlichkeit, ja Niedertracht, die mir in diesem Haus entgegenschlug, dauerte mehrere Monate lang. War das alles Wirklichkeit – oder vielleicht nur ein schlimmer Traum?

Niemand hatte mich darüber aufgeklärt, wie das mit der Fruchtbarkeit der Frau war. Oder überhaupt mit dem Sex. Ich hatte keine Ahnung von Verhütungsmitteln und wo man sie bekommen konnte. Und so war ich drei Monate nach meiner Trauung schwanger. Ich schreibe bewusst nicht: „drei Monate nach meiner Hochzeit", denn das eigentlich übliche Hochzeitsfest, das auf die Trauung folgt, hatte ich nicht erlebt.

Die Trauung hatte meine Familie bezahlt. Danach waren über 700 Gäste zu einem Empfang in der Villa eines Verwandten geladen. Nach der Trauung ging ich mit meinen Eltern heim, um den Hochzeitsempfang abzuwarten. Meine Eltern waren deprimiert, die übrigen Verwandten auch und meine Mutter schimpfte die ganze Zeit, sodass ich schließlich den Empfang sausen ließ – der nächste Skandal.

Meine Eltern besuchten mich in meinem neuen Heim nicht und es war nicht zu erwarten, dass sich das ändern würde. Das war angesichts ihrer Enttäuschung vielleicht verständlich, aber das minderte meinen Schmerz darüber keineswegs.

In der kleinen Wohnung meiner Schwiegereltern fehlte es an fast allem. Mein Schwiegervater war beim Militär gewesen, aber inzwischen saß er nach einem Schlaganfall nur stumm auf seinem Kissen. Eine der Schwestern meines Mannes ging arbeiten und versorgte mit ihrem Verdienst uns alle. Meine Schwiegermutter schleppte das Essen für die große Familie herbei und hätte dringend jemanden gebraucht, der ihr beim Tragen half, aber die Söhne des Hauses rührten keinen Finger; oft schliefen sie bis weit in den Vormittag oder darüber hinaus. Die Zubereitung der Mahlzeiten verschlang viel Zeit. Wenn die zwei verheirateten Geschwister mit ihren Familien zu Besuch kamen, waren wir zwanzig Personen, die in der Diele an den Wänden saßen; der „Esstisch" war eine Plastikdecke auf dem Fußboden. Die Wohnung roch ständig nach Gewürzen und Essen.

Vormittags musste ich beim Putzen der Wohnung und beim Wäschewaschen helfen. In dem engen Badezimmer stand eine kleine Waschmaschine, die fleißig benutzt wurde. Zum Glück trocknete die Wäsche auf dem Balkon ziemlich schnell. Ich versuchte, hin und wieder eine halbe Stunde Zeit für mich zu haben, um zu lesen und an einem Roman zu schreiben, den ich angefangen hatte. Das gefiel meiner Schwiegermutter natürlich nicht und bald begann sie mir zu folgen, wenn ich in die Stadt ging.

Der Krieg erreichte nach und nach auch Kermanschah und mein erstes Kind, Arash, kam im August 1985 während eines Bombenangriffs zur Welt. Mein erster Sohn! Mitten in all der Hoffnungslosigkeit, die mich tagtäglich umgab, gab dieses Kind mir die Kraft, weiterzuleben und mein namenloses Elend zu ertragen.

Noch heute frage ich mich manchmal, was die Verwandten meines Mannes wohl antrieb, dass sie mich so tyrannisierten. Ich vermute aber, dass Neid dabei eine große Rolle spielte. Sie taten alles, um mich zu demütigen, und schreckten auch vor roher Gewalt nicht zurück.

Einmal gingen sie alle ins Kino. Natürlich ohne meinen Schwiegervater. Und ohne mich, denn ich war ja die Haushaltssklavin. Wir hatten inzwischen nach Teheran umziehen müssen, wo ungefähr fünfzig Verwandte sich in einem kleinen unterirdischen Luftschutzraum drängten. Als mein Schwiegervater zur Toilette musste, versuchte ich, ihm die Treppe hinaufzuhelfen. Er stürzte und trug mehrere blaue Flecken davon. Als die Familie wiederkam, wurden vor allem die Frauen schier rasend. Es half mir nicht, dass ich erklärte, dass es sich um einen Unfall handelte. Sie rissen mich am Haar und ohrfeigten mich ohne Ende. Eine Schwägerin warf eine Kanne mit kochend heißem Wasser nach mir; ich konnte gerade noch ausweichen. Die Schläge hörten erst auf, als einer meiner Schwager die rasenden Furien zurückriss.

Was ich auch tat, es war falsch. Ich konnte nicht putzen, ich konnte nicht richtig Reis kochen, ich kleidete und schminkte mich falsch. Ich musste die Kleider der ganzen Familie in eiskaltem Wasser waschen und wurde angeherrscht, wenn sie anschließend nicht makellos sauber waren. Ich musste für zwanzig Personen kochen und mir anhören, dass das Essen nicht schmeckte. Selbst durfte ich immer erst als Letzte essen – wenn noch etwas übrig war. Es war ein Leben wie das von Aschenputtel.

Meine Schwiegermutter hielt mich für eingebildet. „Du trägst den Kopf hoch wie eine Königin. Für wen hältst du dich?“ Heute weiß ich, dass es die Familie ärgerte, dass es ihr nicht gelang, mir meine Selbstachtung zu nehmen. Die ganze Hölle hindurch klammerte ich mich an die Hoffnung auf bessere Zeiten.

Warum flüchtete ich nicht einfach aus diesem Elend? Es gab einen ganz klaren Grund: weil ich dann mein Kind verloren hätte. Im Iran gehören nach einer Scheidung die Kinder der Familie des Mannes. Jeden Tag sagte ich mir: „Mach weiter, trotz der Schläge und der Gehässigkeiten. Halt durch. Tu es für dein Kind.“

Auch mein Mann schlug mich. Regelmäßig. Einmal, als wir auf dem Weg zu einer Tante von ihm waren, schlug er mich mitten auf der Straße, vor den Passanten so heftig, dass ich aus dem Mund blutete. In meinem Land war eine Frau rechtlos; sie hatte still zu sein und zu erdulden, was man ihr antat.

Um mir eine kleine Insel der Freiheit zu schaffen, fing ich an, mir eine Arbeitsstelle zu suchen. Schließlich konnte ich als Kassiererin in einem Filialgeschäft arbeiten. Als die Lage sich etwas beruhigt hatte, mietete ich mir eine kleine Einzimmerwohnung in einem Kellergeschoss und holte abends Arash zu mir, für den tagsüber meine Schwiegermutter den Babysitter machte. Merkwürdigerweise schien es niemanden zu stören, dass ich ausgezogen war. Mein Mann kam nur gelegentlich zu Besuch. Wahrscheinlich waren sie froh, dass es jetzt, wo ich weg war, etwas mehr Platz in dem Luftschutzraum gab.

Mehrere Monate, nachdem ich meine Kellerwohnung bezogen und meine Arbeitsstelle angetreten hatte, stand eines Tages plötzlich mein Vater vor mir. Einer seiner Bekannten hatte mich an der Kasse des Ladens sitzen sehen und meinem Vater davon erzählt. Etwa zur gleichen Zeit wurde mein Mann zum Militär eingezogen. Ich hatte große Angst vor dem Tag gehabt, wo ich gezwungen wäre, zu meinen Schwiegereltern zurückzukehren. Nun, Papa war gekommen, um mich und Arash, der mittlerweile vier geworden war, zu sich und Mama nach Hause zu holen, in die Sieben-Zimmer-Villa in Kermanschah, in der sie mittlerweile wohnten. Ich wusste damals noch nicht, dass ich mit dem zweiten Kind schwanger war. Auch nicht, dass mein Mann inzwischen ebenfalls eine eigene Wohnung hatte, in der er mit einer anderen Frau zusammenlebte. Als meine Verwandten mir erzählten, dass sie ihn mit der „anderen“ gesehen hatten, war ich schockiert. Ich ging aus dem Zimmer und weinte und weinte.

Ich war also wieder bei meinen Eltern, aber es war

nicht so wie früher. Ich war nicht mehr der Stolz der Familie, sondern schon fast eher die Schande. Alle rieten sie mir, das zweite Kind abzutreiben. „Das hat ja doch keine Zukunft! Es passt nicht in unsere Familie."

Wenn die Frauen sich trafen, unterhielten sie sich über ihre neuesten Halsketten und Armreifen. Ich spürte deutlich, wie sie sich mit mir und meinem Elend verglichen. Sie wollten mir schon helfen, aber sie taten es auf eine Art, die herabsetzend war. Die größten Probleme hatte ich mit meiner Mutter.

Für viele Europäer ist es nicht leicht, unsere Kultur zu verstehen. Der Familiensinn ist sehr ausgeprägt. Die Familie ist wie ein Leib, an dem kein Glied etwas ohne die Billigung der anderen tun kann. In den Augen meiner Verwandten war ich ein Mädchen, das aus der Reihe getanzt war, indem ich nach eigenem Gusto geheiratet hatte, und dass ich jetzt vom normalen gesellschaftlichen Leben ausgeschlossen war, war nur die gerechte Strafe. In ihren Augen gab es für mich nur zwei Alternativen: Entweder ich ließ mich scheiden, verzichtete auf die Kinder und lebte und kleidete mich für den Rest meines Lebens wie eine alte Witwe. Oder ich ließ mich scheiden, verzichtete auf die Kinder, heiratete einen reichen Verwandten und gewann so die Gunst der Familie zurück.

Es erstaunte mich, dass dieses überhebliche Denken selbst dem Krieg und dem damit verbundenen Elend zu trotzen schien. Für meine Familie war es bloße Gnade und Barmherzigkeit, dass mein Vater mich zurückgeholt hatte.

Als ich viele Jahre später zum ersten Mal das Gleichnis vom verlorenen Sohn in der Bibel las, weinte ich so heftig, dass ich glaubte, ich könnte nicht mehr aufhören. Der verlorene Sohn – war das nicht auch ich? Was für eine Liebe hatte mein Vater mir bewiesen, als er mir meinen Eigensinn vergab und mich bat, nach Hause zurückzukommen. Es ist die gleiche Liebe, die unser himmlischer Vater uns entgegenbringt, wenn wir auf falsche Wege geraten sind und uns zurücksehnen in unser Vaterhaus.

Ja, mein Vater war der Einzige, der mich verstand. Mit ihm konnte ich über alles reden. Er wusste, in was für einer Sackgasse ich steckte, und er riet mir, ins Ausland zu gehen. Er konnte sehr gut Englisch, in Wort und Schrift, und schlug mir vor, ich solle diese Sprache ebenfalls lernen. Aber ich hatte andere Vorstellungen. Ich wäre am liebsten in eine eigene Wohnung gezogen und hätte mir selbst mein Geld verdient, aber das – so fand er – wäre nicht gut für die Familie. „Schon jetzt, wo du bei mir wohnst, tuscheln und klatschen die Leute. Was meinst du, wie das erst wird, wenn du allein wohnst?"

Das islamische Regime verbot meinem Vater, am Krieg gegen den Irak teilzunehmen. Teile Kurdistans waren ihm versperrt. Er musste zu Hause bleiben, in der schönen Villa, die einst Franzosen erbaut hatten. Seine einzigen Beschäftigungen waren Lesen und Schreiben. Gesundheitlich ging es ihm schlecht. Das harte Leben in den Bergen und die Folter im Gefängnis hatten ihm bleibende Schäden zugefügt. Stundenlang hatten seine Peiniger ihn in einer mit Eiswasser gefüllten Tonne stehen lassen. Durch diese Unterkühlungen hatte er einen Großteil seiner Lungenkapazität verloren; das Atmen fiel ihm immer schwerer. Und seine Wadenmuskeln hatten die Wachhunde im Gefängnis zerbissen.

Doch sein Haus war wieder aufgeblüht und voller Besucher wie vor den schlimmen Zeiten. An die ständigen Bombardierungen durch die irakische Luftwaffe hatten wir uns nahezu gewöhnt. Draußen neben dem Haus war ein unterirdischer Luftschutzraum. Wenn die Sirenen heulten, rannte alles hinein, und wenn die Entwarnung kam, ging der Alltag weiter.

Viele meiner Verwandten redeten von nichts anderem als von ihren Ängsten, Sorgen und Befürchtungen und mit der Zeit irritierte mich das immer mehr. Eigentlich blieb ich nur meinem Vater zuliebe. Ich wollte ihn nicht noch mehr verletzen. Aber allmählich wuchs in mir doch der Wunsch, den Iran zu verlassen.

Mein ältester Bruder hatte heimlich das Land verlassen, um in Europa ein neues Leben zu beginnen. Er schrieb uns oft und legte Fotos bei, auf denen man unverschleierte Frauen sah. Ich wurde richtig neidisch auf sie. Warum genossen diese Frauen eine solche Freiheit und wir lebten in einem Käfig von Regeln, Einschränkungen und Ungleichheit?

Kapitel 21

„Das nächste Mal hacken wir Ihnen einen Finger ab“

An einem Sommertag ging ich mit meinem Sohn in einen Park in Teheran. Es herrschten über vierzig Grad Hitze und ich setzte mich in den Schatten, um zu verschnaufen. Dabei muss ich wohl ein paar Sekunden lang eingedöst sein und in der Zeit waren ein, zwei Haarsträhnen unter meinem Kopftuch herausgerutscht.

Als ich wieder wach wurde, stand vor mir ein Auto der Religionspolizei, der Pasdaran. Zwei männliche und zwei weibliche Beamten stiegen aus, alle bewaffnet. Sie versuchten, mir den Jungen zu entreißen und mich in das Auto zu zerren. Arash schrie Zeter und Mordio. Ich nahm ihn auf meinen Schoß. Die Polizisten drückten mir einen Gewehrlauf in die Seite und schoben mich in den Wagen. Dabei beschimpften sie mich: „Du bist eine Hure, die den Islam und unsere Gesetze bricht! Du bekommst entweder vierzig Peitschenhiebe oder mehrere Monate Gefängnis.“

Die Gesichter der Frauen konnte ich nicht sehen, da sie den Tschador trugen, der nur einen Sehschlitz frei ließ. Die Tschadors waren schwarz, die Hände steckten in schwarzen Handschuhen. Ich versuchte, Arash zu beruhigen, aber er war außer sich vor Angst und brüllte: „Lasst meine Mama los! Sie hat doch nichts getan!"

Die Polizistin zischte ihn an: „Halt den Mund, oder soll ich dir den Hals umdrehen?"

Arash bekam nur noch mehr Angst und klammerte sich an mich. Der Streifenwagen brachte uns zur Polizeistation, wo ein Mullah uns erwartete. Er fing an, mich zurechtzuweisen und zu bedrohen. Er inspizierte meine Fingernägel. Sie waren lackiert, was verboten war. Die Strafe dafür sollte ich sofort erleben. Man führte mich in einen anderen Raum, wo eine stämmige Polizistin meine Hände in einen Plastikbeutel steckte, den sie mit einem Bindfaden stramm an den Handgelenken befestigte. In dem Beutel waren lauter Kakerlaken. Die Beamtin setzte sich neben mich und funkelte mich an, während ich das Krabbeln der großen Insekten an meinen Händen ertragen musste. Es war die totale Demütigung. Ich zitterte innerlich. Auch angesichts der Drohung, die die Frau mir ins Gesicht geschleudert hatte: „Und wenn wir Sie noch einmal mit lackierten Fingernägeln erwischen, hacken wir Ihnen einen Finger ab."

Vielleicht ist es da verständlich, dass ich heute, wo ich in einem freien Land lebe, nie ohne sorgfältig lackierte Fingernägel aus dem Haus gehe.

Endlich wurde ich von der Plastiktüte befreit, aber der Mullah war noch nicht fertig. Er sagte: „Eigentlich sollte ich Ihnen das Haar abrasieren. Aber Sie dürfen wählen: vierzig Peitschenhiebe oder eine Geldstrafe.

Und ich bin nur deswegen so großzügig, weil Sie ein Kind dabeihaben."

Er wollte Arash über den Kopf streichen, doch der schrie: „Nimm deine Hände weg! Ich hasse dich!"

Der Mullah wurde rot und bellte: „Entscheiden Sie sich, und zwar jetzt!"

Ich erwiderte: „Lassen Sie mich bitte erst meine Eltern anrufen."

„Eltern? Haben Sie keinen Mann?"

Seine Miene wurde merklich milder. Ich konnte seine schmutzigen Gedanken lesen. Jeder muslimische Mann – auch ein Mullah – durfte eine sogenannte Einstundenehe mit einer beliebigen Frau eingehen. Man verlas einen Abschnitt aus dem Koran und anschließend durfte der Mann mit der Frau Sex haben. Der „Eheschließende" gibt an, wie lange die „Ehe" dauern soll. Diese Regelung ist nichts anderes als religiös sanktionierte Prostitution. Ich erkannte, dass dieser Mann die Macht hatte, mich ganz legal zu vergewaltigen, und antwortete energisch: „Natürlich habe ich einen Mann! Aber ich möchte mit meinem Vater reden."

„Dann wählen Sie das Bußgeld?"

„Ja, ich bezahle."

Ich rief meine Schwiegereltern an. Der ältere Bruder meines Mannes war nicht daheim, aber jemand rief einen Cousin meiner Mutter an, der in Teheran wohnte. Er kam sofort und zahlte das Bußgeld. Die Familiensolidarität war stark in unserer Kultur; es war eine

Selbstverständlichkeit, selbst einem nicht besonders geachteten Verwandten zu helfen. So ist das in einer Kollektivkultur.

Neben mir befanden sich auf der Polizeiwache noch viele andere „Missetäter". Etliche waren hier, weil sie in der Hitze Wasser getrunken hatten (es war gerade Ramadan). Die Strafe bestand meist in einer bestimmten Anzahl Peitschenhiebe. Die Frauen wurden in der Polizeistation ausgepeitscht, die Männer draußen. Diebe erhängte man auf dem Markt, vor den Augen der Neugierigen. Ich konnte es nicht fassen – wie konnten sich nur Menschen zusammenrotten, um einen anderen Menschen sterben zu sehen? Mit leeren Gesichtern standen sie da und begafften die zuckenden Leiber der Erhängten.

Was war das für eine Religion? Ich wollte Gott nicht aus Zwang lieben. Ich wollte ihn freiwillig lieben können, aus tiefstem Herzen.

Mein zweites Kind – eine Tochter – kam drei Monate zu früh zur Welt, im März 1988. Ich war bei der Familie meines Mannes in Teheran und saß in einem Luftschutzraum, als die Wehen begannen. Ich gebar Atoossa dort in dem Bunker; als die Entwarnung kam, fuhr man mich ins Krankenhaus.

Atoossa war winzig und ganz von Haaren bedeckt. Sie konnte nicht an meiner Brust trinken, aber ihre Augen waren voller Leben. Ich musste ihr die Milch mit dem Teelöffel einflößen.

Bald hatte ich keine Milch mehr, denn ich bekam

nicht ausreichend zu essen bei den Verwandten meines Mannes. Sie waren so viele und die Vorräte waren begrenzt. Als Atoossa drei Monate alt war, beschloss ich, zu meinen Eltern zurückzugehen. Die waren bald ganz vernarrt in das Mädchen; es wurde der Augenstern meiner Mutter.

Kapitel 22

Sturz ins Bodenlose

Als Atoossa neun Monate alt war, erlag mein Vater einem Herzinfarkt. Er war schon längere Zeit schwach gewesen und hatte Probleme mit der Lunge gehabt, aber sein Tod traf mich dennoch ziemlich unvermutet. Mein Schreck und meine Trauer waren grenzenlos. Der Mann, der mich wie kein Mensch sonst auf dieser Welt geliebt hatte, der Halt, der in allen Stürmen zu mir gestanden hatte – dieser Fels in der Brandung meines Lebens war auf einmal nicht mehr da. Er war 55 Jahre alt gewesen.

Bis zu seinem letzten Abend im Leben war er zu Hause gewesen. Als sein Zustand kritisch wurde, fuhr man ihn mitten in der Nacht ins Krankenhaus in Kermanschah, aber die Ärzte dort konnten ihn nicht retten. Früh am Morgen brachten wir ihn, wie es Sitte war, in ein Gebäude, wo man die Leichname der Verstorbenen wusch und in weiße Tücher hüllte. Man verlas auch Gebete über dem Leichnam und rief die Verwandtschaft zusammen. Danach wurde der Tote in einen Sarg gelegt und zur Begräbnisstätte überführt. Es war eine lange Kolonne von schwarz beflaggten Autos, die dem Leichenwagen nach Gilan e Gharb, Papas Heimatstadt, folgte. Mehrere Tausend Menschen versammelten sich auf dem Hügel, wo unsere Sippe ihre Gräber hat.

Wenn in unserer Kultur jemand stirbt, beginnt eine Trauerzeit, die vierzig Tage dauert. Besonders wichtig sind die ersten sieben Tage. In dieser ersten Woche kommen alle Verwandten, die es möglich machen können, zum Trauerhaus, um ihr Beileid und ihre Achtung vor dem Verstorbenen zu bekunden. Und diese Besuche sind nicht kurz, sondern ausdauernd und lang und die Gäste werden verköstigt. Unsere Besucher bekamen jeden Tag drei Mahlzeiten – und es waren Tausende von Gästen. Wie schafft man so etwas? Nun, wer bei uns zu einem Trauerbesuch kommt, bringt Lebensmittel mit, zum Beispiel einen Sack Reis, Öl, Zucker, Tee oder Kaffee. Manche bringen gar ein Schaf oder eine Kuh. Und viele Verwandte helfen auch beim Richten der Mahlzeiten.

So funktioniert das Leben in einer Kollektivkultur wie der, in der ich aufwuchs. Man ist nicht so sehr ein „Ich“, sondern ein „Wir“, und ohne seine Familie ist man niemand. Dem Europäer mit seiner Individualkultur ist das nicht geheuer und es hat auch seine Nachteile. Aber eben auch seine Vorteile. Zum Beispiel den, dass man mit seiner Trauer nicht allein fertig werden muss.

Während der ganzen ersten Trauerwoche war ich wie betäubt. Ich kann mich nur noch an einzelne Szenen erinnern. Etwa an die Berge von schwarzem Haar auf dem Fußboden des Raumes, wo die Verwandten sich versammelten. Viele der Frauen hatten sich zum Zeichen der Trauer die Haare abgeschnitten und das

Gesicht zerkratzt. Noch eine Woche vor seinem Tod hatte mein Vater Land unter die Armen verteilt. Die Menschen liebten ihn und kamen in Scharen, um ihm die letzte Ehre zu erweisen.

Untergebracht waren die Trauergäste in den großen Zelten, die die Nomaden unter unseren Verwandten mitgebracht hatten. Jeder half jedem.

Da mein Vater sehr bekannt gewesen war und zu der führenden Familie des Stammes gehörte, waren seine Trauertage besonders feierlich. Es wurde getrommelt; viele zu Papas Ehre verfasste Dankgedichte wurden vorgetragen, die seinen Kampf für die Freiheit unseres Volkes und seine Standhaftigkeit im Gefängnis besangen. Auf seinem Grabstein in Gilan e Gharb steht die Inschrift: „Hier ruht der Königssohn, der sein Leben für sein Volk gab."

In unserer Kultur isst man während der ganzen Trauerzeit jeden Tag gemeinsam zu Mittag, während aus Lautsprechern Koranverse ertönen. Jeden Donnerstag geht man zu dem Grab, tischt auf einem schönen Tuch Obst, Gebäck, Datteln und Rosenwasser auf, liest ein passendes Kapitel aus dem Koran vor und nennt zuletzt laut den Namen des Verstorbenen. Das Essen auf dem Tuch soll den Geist des Toten speisen. Danach setzt man sich mit Trauernden von anderen Grabtischen zusammen und weint und singt gemeinsam zum Gedächtnis des Toten.

Besonders erinnere ich mich an den zweiten Donnerstag nach Papas Tod. Es hatten sich so viele Menschen an seinem Grab versammelt, dass gar nicht alle Platz hatten. Auf einmal sah ich, wie eine Frau auf uns zukam. Ihrem Gesicht nach zu urteilen, hatte sie ein besonderes Anliegen. Ich zog meinen Schleier tiefer. „Wer ist die Frau des Emirs?“, fragte sie. „Ich muss sie sehen!“

Mehrere Frauen führten sie zu meiner Mutter. Sie musterte meine Mutter, dann spuckte sie ihr vor die Füße und rief: „Du willst um deinen Mann trauern? Wo sind die Kratzer in deinem Gesicht? Wo sind die Zeichen deiner Trauer? Wir Nomaden wissen, was es heißt zu trauern. Aber du? Eine Schande bist du! Ich spucke vor dir aus!“

Die anderen versuchten, sie von meiner Mutter wegzureißen, deren Schmerzensschreie über den Friedhof hallten.

Es gibt so viele Trauerrituale, die die Frauen bei uns strikt einhalten müssen. Tagelang dürfen sie sich nicht duschen, baden oder waschen und keine Hautcreme benutzen. Erst nach sieben Tagen lädt die älteste der Frauen die anderen ein, sich zu waschen. Den ganzen Rest des Trauerjahres darf man sich nicht schminken, die Haare oder Augenbrauen schneiden oder bunte Kleider tragen. Diese Traditionen sind in unserer Kultur sehr wichtig. Sie sollen den Toten ehren und ihm zeigen, wie wichtig er den Hinterbliebenen gewesen ist.

Solange er lebte, war mein Vater der wichtigste Mensch in meinem Leben gewesen, der Mensch, der mir am allerliebsten war. Kein Ritual der Welt konnte ausdrücken, wie sehr mein Herz blutete. Nie mehr würde ich ihn sehen, nie mehr seinen Rat einholen oder einfach nur mit ihm reden können. Der Abgrund in meinem Inneren war bodenlos. Fast ebenso schwer wog mein Bedauern darüber, was ich ihm mit meiner übereilten, falschen Heirat angetan hatte. Gegen Ende seines Lebens hatte Papa mir einmal gesagt, dass nichts im Leben, noch nicht einmal die Folter, ihm so wehgetan hatte wie mein Unglück. Dieses Wissen war eine schwere Bürde für mich. An dem Tag, an dem mein Vater starb, verlor ich den sicheren Boden unter den Füßen, auf dem ich bisher selbst in den schwierigsten Zeiten gestanden hatte. Es sollte viele Jahre dauern, bis ich ihn wiederfinden würde.

Kapitel 23

Fluchtpläne

Als die vierzig Trauertage in Gilan e Gharb vorbei waren, fuhren wir zurück nach Kermanschah. Nach der großen Abschlussversammlung zur Beendigung der Trauerzeit in Gilan kam jetzt eine entsprechende Versammlung für unsere Leute in Kermanschah.

Das Haus in Kermanschah kam mir leer und fremd vor ohne meinen Vater. Nur sein leeres Zimmer zu sehen, tat mir weh, ein zufälliger Blick auf seine Bücher und andere Andenken trieb mir die Tränen in die Augen. Meiner Mutter ging es gar nicht gut und ich musste eine Weile bei ihr bleiben, doch dann fuhr ich mit meinem Mann zurück zu dessen Familie, die jetzt in einer kleinen Stadt am Rande von Teheran wohnte.

Am Verhalten der Verwandten meines Mannes mir gegenüber hatte sich nichts geändert. Ich hatte das Gefühl, von Trauer und Hoffnungslosigkeit aufgefressen zu werden. Mein Mann versuchte, eine Firma aufzubauen, aber das kleine Unternehmen ging schon nach ein paar Monaten in Konkurs. In mir wurde ein Gefühl immer stärker und unüberhörbarer: Ich musste fort von hier. Im Sommer nach dem Tod meines Vaters bat ich daher einen meiner Cousins, nachzuforschen, ob ich einen Reisepass bekommen konnte. Es dauerte sechs Monate, aber da er ein Kriegsheld war und eine hohe Position im Regime innehatte, konnte er mir helfen.

Darauf nahm ich Kontakt mit meinem Bruder auf, der schon vor etlichen Jahren nach Europa gegangen war und inzwischen in Schweden lebte. Er schlug ein Treffen mit meiner Mutter, meiner Tante und mir vor. Wir sollten dazu mit dem Bus in die Türkei fahren; dies war die einzige Möglichkeit, den Iran zu verlassen, ohne den Schikanen von Polizei und Staatssicherheit ausgesetzt zu sein.

Meine kleine Tochter war immer noch klein und schwächlich und das Wetter war sehr, sehr warm. Ich beschloss schweren Herzens, sie bei der Mutter meines Mannes zu lassen. Die Reise zur Grenze dauerte zwei volle Tage. An der Grenze mussten wir einen weiteren Tag in einer endlosen Schlange warten. Auf dem ganzen Weg musste ich an meine Tochter denken. Ich war so traurig, dass ich sie nicht hatte mitnehmen können, aber ich hatte keine Wahl gehabt. Ich musste herausfinden, wie ich den Iran verlassen konnte!

Als wir über die Grenze fuhren und auf türkischem Boden waren, nahm ich ebenso wie viele der anderen Frauen in dem Bus das Kopftuch ab. Hier brauchten wir keine Angst mehr zu haben, dass man unser Haar sehen konnte – was für eine Freiheit! Die durchschnittliche Frau im Westen kann sich das kaum vorstellen. Viele Frauen fingen an, sich zu schminken und das Haar aufzustecken, während der Bus weiterrollte.

Mein Sohn Arash wurde immer unruhiger. Die Szene

mit der Polizei in dem Park in Teheran hatte sich ihm eingebrannt. Er hielt mir mein Kopftuch hin und sagte weinend: „Mama, tu das wieder an, sie holen dich sonst!"

Er stand unter einem Kulturschock. Noch nie hatte er unverschleierte fremde Frauen gesehen; aus großen Augen starrte er die Frauen im Bus an.

Nach zwei Tagen in der Türkei fuhren wir weiter nach Bulgarien, wo mein Bruder uns erwartete. Es war ein Erlebnis, ihn nach sieben Jahren wiederzusehen. So viel war passiert seit seiner Flucht. Als unser Vater gestorben war, hatte er nicht zur Beerdigung kommen können. Wir redeten die ganze Nacht hindurch.

Mein Bruder hielt es für das Beste, wenn mein Mann als Erster nach Schweden ging und ich später nachkam. Um den Iran direkt zu verlassen, brauchte man die Dienste von Fluchthelfern, und dieser Weg war für Frauen und Kinder besonders teuer und gefährlich. Mein Bruder und ich hatten uns früher nicht besonders gut verstanden, aber jetzt half er mir also. So ist das in unserer Kultur. Verwandte haben die Pflicht, einander beizustehen so gut sie können, und manchmal noch ein bisschen mehr. Man ist ein Glied in einer Kette, aus der man sich nicht lösen kann.

Die Freiheit, die die Menschen in Bulgarien und der Türkei offenbar genossen, erschien mir wunderbar. Und sie machte mir Angst. In Bulgarien suchte ich – warum, wusste ich selber nicht – angestrengt nach einer Kirche. Ich musste denken: „Die Menschen hier glauben ja an gar nichts." Aber andererseits: War Freiheit nicht besser als ein aufgezwungener Glaube?

Nach zwei Wochen fuhren meine Mutter, Tante und ich zurück in den Iran. Ich war voll von neuen Gedanken über die Zukunft. Ein paar Monate später reiste mein Mann zusammen mit meinem jüngsten Bruder in die Türkei. Die erste Nacht, so hinterbrachte man mir, verbrachte er mit anderen Frauen, was mich nicht überraschte; mein Vertrauen hatte er schon lange verloren. Mit der Hilfe meines ältesten Bruders gelangte er nach Schweden, wo er erst in ein Flüchtlingslager und dann nach Hedemora in Mittelschweden (Bezirk Dalarna) kam.

Ein Jahr verging, ohne dass ich von ihm hörte. Ich war ständig krank und fiel mehrere Male in Ohnmacht, wohl weil mein Blutdruck zu niedrig war. Meine Tante mütterlicherseits befand, ich müsse beten, fasten und im Koran lesen, und schließlich folgte ich ihrem Rat. Während dieser Zeit wurde hinter meinem Rücken viel über mich geredet. Viele meiner Verwandten hielten es für das Beste, dass ich die Scheidung einreichte und die Kinder bei meinen Schwiegereltern ließ. „Du kommst nie nach Schweden", hieß es. Oder: „Wir wüssten da einen Witwer, mit dem du bestimmt glücklich würdest."

Der Druck meiner Verwandten – sowohl meiner eigenen als auch der meines Mannes – wurde schließlich unerträglich und ich packte meine Kleider und die der Kinder in zwei Reisetaschen, verkaufte etwas von meinem Gold und verließ heimlich das Haus meiner Mutter. Ich kaufte uns Fahrkarten in die Millionenstadt Maschhad. Dort würde uns bestimmt niemand finden.

Die Busfahrt nach Maschhad dauerte einen ganzen Tag. Maschhad ist die zweitgrößte Stadt im Iran; die Oase existiert seit der Zeit der Seidenkarawanen. Es ist auch ein Wallfahrtsort, weil der achte schiitische Imam, Reza, der in Maschhad den Märtyrertod starb, dort begraben ist. Scharen von muslimischen Pilgern kommen zu dem heiligen Grab; viele glauben, dass sie gesund und ihre Gebete erhört werden, wenn sie den über dem Grab errichteten goldenen Käfig berühren.

Auch ich glaubte, dass Imam Reza mir helfen würde – nämlich dabei, eine Arbeit und eine Wohnung zu finden. Ich wollte mir ein neues Leben aufbauen, frei von den Schikanen und der Bevormundung meiner Verwandten. Und ich wollte meine Kinder behalten. Eine neue Ehe hätte bedeutet, dass ich sie verloren hätte, und ein Leben ohne sie konnte ich mir nicht vorstellen.

Die lange Busfahrt mit zwei schweren Reisetaschen und zwei kleinen Kindern war anstrengend. Ich weinte fast die ganze Fahrt über; meine Zukunftsangst war ungeheuer. Der Schmerz war geradezu körperlich, so, als habe jemand mir ein Messer in die Brust gestoßen.

In der Millionenstadt angekommen, war unsere einzige Bleibe der große Saal um das Grab von Imam Reza. Wir gingen also in die riesige Grabmoschee, deren goldene Kuppel, Minarette und vergoldeter Eingang auf so vielen Bildern zu sehen sind. Die ersten zwei Nächte schliefen wir in dem Saal, in dem der Schrein mit den Reliquien des Imams ist. Oder besser gesagt: Wir versuchten zu schlafen. Der Boden war hart und der Saal war vollgestopft mit anderen Hilfe suchenden Menschen, die rund um den die Grabstätte schützenden goldenen Käfig lagen und ein wenig Schlaf zu finden hofften.

Tagsüber ging ich auf Arbeitssuche, aber wenn meine potenziellen Arbeitgeber meine Kinder sahen, wurden sie misstrauisch und ahnten, dass ich vor meinen Verwandten geflüchtet war. Andere verlangten, zuerst mein Gesicht zu sehen. Wie die anderen iranischen Frauen auch trug ich einen Tschador, der bis auf die Augen das ganze Gesicht bedeckt. Die Männer wollten wahrscheinlich sehen, ob ich alt und verschrumpelt oder jung und schön war. Möglicherweise wollten sie mich vor einer Anstellung sexuell ausnutzen.

Nach einer Woche hatte ich immer noch keine Wohnung oder Arbeit gefunden, und mein Geld war verbraucht. Nur die Verzweiflung war noch größer geworden. Ich las im Koran. Ich betete. Zum Schluss hatten wir noch nicht einmal genug Geld, um etwas zu essen zu kaufen, und die Kinder hatten Hunger. Da rief ich meinen Schwager an und beichtete ihm alles.

Er sagte mir, dass sie sich schon Sorgen gemacht und nach mir gesucht hatten und dass ich am besten sofort zu ihnen zurückkommen solle. Ich verkaufte meinen letzten Ring und kaufte von dem Erlös etwas zu essen für die Kinder und die Fahrkarten zurück nach Teheran.

Es fiel mir nicht leicht, zu der feindseligen Familie meines Mannes zurückzukehren, aber ich tat es für die Kinder. Das einzig Gute war, dass ich jetzt wieder unter dem Schutz der Familie stehen würde.

Müde, elend und kaputt erreichte ich Teheran. In diesem Herbst wurde Arash eingeschult. Die Schule war sehr religiös, und er lernte bald, aus dem Koran vorzulesen und zu den vorgeschriebenen Zeiten zu beten. Er hatte viele Fragen über Gott und das sah ich gern.

Einige Monate danach kam ein Brief von meiner Mutter. Sie war sehr krank und schrieb, dass sie mich zu nichts zwingen wolle, aber dass es schön wäre, wenn ich sie einmal besuchte. Ich fuhr also nach Kermanschah. Mama war tatsächlich krank – so krank, dass ich wieder nach Kermanschah zog und Arash dort zur Schule gehen ließ. Meiner Mutter ging es nach, wie sie und die Familie mich behandelt hatten. Sie weinte und erklärte, dass sie mir von nun an besser helfen wolle. Es war der Anfang einer neuen, gesünderen Beziehung zwischen ihr und mir.

Eines Tages kam Arash mit hohem Fieber aus der Schule. Er musste sich übergeben, das Fieber stieg weiter und nach ein paar Stunden wurde er bewusstlos. Ich eilte mit ihm in die nächste Ambulanz. Man untersuchte ihn und stellte fest, dass er eine Hirnhautentzündung hatte und sofort behandelt werden musste. Im Krankenhaus wurde er erneut untersucht; es hieß, sein Zustand sei ernst und es bestünde die Gefahr, dass er möglicherweise für den Rest seines Lebens blind oder gelähmt sein würde.

Vierzig Tage lang schwebte er zwischen Leben und Tod. Vierzig Tage und Nächte wachte ich an seinem Bett. Ich tat das Einzige, was mir möglich war; ich betete: „Gott, gib ihn mir wieder!"

Dann endlich, eines Nachts, als ich wieder an seinem Bett saß, öffnete Arash plötzlich die Augen und flüsterte: „Mama, ich hab Durst. Kannst du mir Wasser geben?"

Meine Freude kannte keine Grenzen. Mein Junge war ins Leben zurückgekehrt! Die ganze Verwandtschaft kam, um uns im Krankenhaus zu besuchen, und auf einmal waren sie alle ganz freundlich zu mir. Aber mir war trotzdem nicht danach zumute, sie zu sehen.

Es war jetzt fast vier Jahre her, dass mein Mann nach Schweden gegangen war. Ich war mit Arash wieder zu Hause bei der Familie. Eines Nachts wachte ich auf und hörte eine Stimme, die ganz deutlich sagte: „Bald wirst du nach Schweden kommen."

Dass Menschen durch Träume und Visionen Mitteilungen aus einer anderen Welt bekommen, ist in unserer Kultur etwas Normales. Die unsichtbare Welt mit ihrem Mysterium ist nie weit entfernt. Ich nahm an, dass die Stimme von irgendeinem Imam kam, und die Botschaft gab mir neue Hoffnung.

Einige Monate danach kam die Nachricht, dass mein Mann seine Aufenthaltsgenehmigung für Schweden bekommen hatte und seine Familie nachkommen lassen konnte. Mein Bruder rief mich an und gratulierte mir. Endlich war der Weg in die Freiheit offen! Ich war außer mir vor Glück. Jetzt würde alles, alles gut werden ...

Kapitel 24

Im Land von Pippi Langstrumpf

Die Maschine setzte auf der Landebahn des Flughafens Stockholm-Arlanda auf. Ich schaute durch das Fenster. Es war Silvester 1993 und überall um die Landebahn lag Schnee. Mein Herz war voller Erwartung. Jetzt würde ich endlich das fantastische Land von Pippi Langstrumpf sehen. Und endlich wären wir, nach fast vier Jahren Trennung, wieder eine richtige Familie.

Im Iran war ich zum Schluss ziemlich krank gewesen, aber jetzt spürte ich neue Hoffnung und fühlte mich auch körperlich besser. Ich war im Land der Freiheit angekommen. Würde ich jetzt endlich ein Studium beginnen können? Auch die Kinder freuten sich, obwohl Atoossa sich nicht mehr an ihren Vater erinnerte, ja kaum wusste, was ein Vater war.

Wir gingen durch den Zoll und erreichten die Ankunftshalle. Als Arash seinen Vater sah, rannte er sofort zu ihm. Auch ich war froh und lief meinem Mann entgegen. Aber als ich näher kam, sah ich in seinen Augen, dass etwas anders geworden war.

Ein paar Stunden später wusste ich, dass zwischen uns alles aus war. Da waren wir in Hedemora, wo mein Mann wohnte, angekommen. Draußen war alles Schnee und Eis, und ich dachte: „Wie soll ich in dieser Kälte leben?“ Ich hatte natürlich gewusst, dass es in

Schweden kalt sein konnte, aber dass es so viel Schnee geben könnte, hatte ich mir nicht klargemacht.

Als wir dann in der Wohnung waren, kam der nächste Schock. Mein Mann eröffnete mir, dass er an einer Krankheit litt, die das eheliche Zusammensein leider unmöglich machte. Ich sagte, dass das okay war, aber ich fragte mich natürlich, was für eine Krankheit das war, und begann mir Sorgen zu machen. Als ich etwas später mit unseren Reisetaschen in den Keller ging, sah ich dort eine Tasche voller Damenunterwäsche und Kondome. Als ich meinen Mann auf die Tasche ansprach, murmelte er: „Ach, das ist nur die Wäsche."

Ich bohrte nicht weiter; in unserer Kultur darf eine Frau das Intimleben ihres Mannes nicht hinterfragen. Aber ich begriff schon bald, dass es andere Frauen in seinem Leben gab, denn er war tage- und nächtelang verschwunden.

Nach ein paar Tagen kamen einige Schweden zu Besuch. Mein Mann stellte sie mir vor. Sie hießen Susanne und Gert und Gunnar und Elisabet. Ich konnte noch kein Wort Schwedisch, aber ich spürte die Liebe und Wärme dieser Menschen. Sie hatten sogar Geschenke für die Kinder dabei. Eine besondere Ausstrahlung hatte Gunnar, der Pastor in der Schwedischen Kirche war. Mein Mann hatte die vier in der Kirche in Hedemora kennengelernt. Viele Einwanderer in Hedemora wandten sich in ihrer Not an die Schwedische Kirche, wo es viele Menschen gab, die den Neuankömmlingen

Rat und Hilfe boten, von kostenlosen Telefonanrufen in die Heimat bis hin zu finanziellen Hilfen.

Ich selbst war damals fast Atheistin und verabscheute alles, was mit Religion zu tun hatte. Der Krieg und das ganze Elend in meinem Leben – war das nicht alles Gottes Schuld? Ich hasste ihn geradezu.

Die ersten Monate in Schweden waren voller Enttäuschungen und Demütigungen. Zwischen meinem Mann und mir stimmte nichts mehr, es gab ständige Reibereien und zur Strafe für meine „Aufsässigkeit" misshandelte er mich, körperlich und seelisch. Meine Vermutung, dass er eine andere hatte, wurde mir von mehreren Bekannten bestätigt.

Hedemora war, verglichen mit Kermanschah, eine saubere, schmucke kleine Stadt. Aber so vieles war hier ganz anders als in meiner Heimat. Ich erlitt einen regelrechten Kulturschock. Ich erinnere mich noch genau an meinen Schrecken, als ich zum ersten Mal ein Schwein sah, also ein Tier, das in der islamischen Kultur etwas Unreines ist. Oder wie schockiert ich war, als ich entdeckte, dass unsere Nachbarn zusammenlebten, ohne verheiratet zu sein. Oder wie ich kaum meinen Augen traute, als ein lesbisches Paar sich auf der Straße öffentlich Zärtlichkeiten bekundete.

Der allergrößte Schock war der Übergang von der Kollektivkultur in die Individualkultur. In meinen Vorträgen sage ich gern, dass die Reise vom Orient in den Westen nicht *eine* Reise ist, sondern viele. So war das jedenfalls für mich. Ich war es gewohnt gewesen, ständig Menschen um mich zu haben, die sich für alles, was ich tat, interessierten, und jetzt saß ich in unserer Wohnung in Hedemora und fühlte mich furchtbar einsam. Mein Mann verstärkte dies noch dadurch, dass er mir verbot, mich mit anderen Menschen als seinen wenigen Freunden in der Kirche zu treffen. Als ich ihnen in meinem gebrochenen Schwedisch erzählte, wie die Situation in meiner Ehe für mich war, nahmen einige (nicht alle) auch noch seine Ehre in Schutz. Sie konnten ja nicht ahnen, was ich mitmachte.

Ich begann, diese Christen und ihre Kirche zu hassen. Meine Enttäuschung war so groß, dass ich nach kurzer Zeit am Ende meiner Kräfte angelangt war – körperlich und seelisch. Arash, mittlerweile neun Jahre alt, half mir im Haushalt. Das Leben schien nur noch aus Arzt- und Kliniktermine zu bestehen.

Mithilfe eines schwedisch-persischen Wörterbuchs, das ich mir gekauft hatte, versuchte ich, mir selbst Schwedisch beizubringen und machte dabei eigentlich gute Fortschritte. Aber bei meinen Terminen in der Poliklinik bestand mein Mann darauf, den Dolmetscher zu machen. Es gelang ihm, den Ärzten weiszumachen, dass ich Epileptikerin sei; folglich bekam ich eine Zeit lang Medikamente gegen Epilepsie. Dann waren es auf einmal Antidepressiva; später erfuhr ich, dass mein Mann den Ärzten gesagt hatte, dass ich psychisch krank sei. Ich wurde dünn wie ein Besenstiel und das Einzige, was mich überhaupt noch zusammenhielt, waren Beruhigungsmittel.

Die Medikamente machten mich todmüde. Eines Nachts erlosch alle Hoffnung in mir. Es gab niemanden, der mich verstand, niemanden, mit dem ich reden konnte. Ich hatte keinen Mann, keine Familie, keine Arbeit und keine Zukunft. Und ich schluckte ein ganzes Röhrchen Tabletten, um für immer einzuschlafen.

Als ich aufwachte, lag ich im Krankenhaus. Als mein Mann zu Besuch kam, sagte er: „Warum machst du solche Sachen? Ich liebe dich nicht und das wird auch nicht anders, wenn du versuchst, dir das Leben zu nehmen!"

Dreimal habe ich versucht, mir das Leben zu nehmen. Schließlich drückten sie mir im Sozialamt ein Flugticket nach Teheran in die Hand. Sie glaubten, es würde mir guttun, eine Zeit lang wieder in meiner Heimat zu sein. Zuerst wollte ich nicht auf diesen Vorschlag eingehen, aber nach vielem Wenn und Aber ließ ich die Kinder bei meinem Mann und reiste nach nur neun Monaten in Schweden zurück in den Iran.

Am Flughafen Teheran wurde ich von einem ganzen Haufen Verwandter erwartet. Sie sahen sofort, dass die Frau, die da zurückkam, nicht mehr dieselbe war wie die, die gegangen war. Ich war bleich, spindeldürr und kaputt. Und schon gingen die Spekulationen und der Klatsch los: „Ist sie geschieden? Hat sie Krebs, Aids oder sonst eine schwere Krankheit?" Meine Mutter ging ins Gebet und brachte Opfer für meine Gesundheit dar. Meine Geschwister machten sich ebenfalls Sorgen um mich. Ich log ihnen etwas vor und nahm meinen Mann in Schutz, wie immer. Ich lächelte so gut ich konnte und sagte: „Es geht mir gut und ich bin sehr glücklich!“

Meine Medizin versteckte ich in meinem Zimmer und nahm sie heimlich. Äußerlich war ich lächelnd und aufgeräumt, aber in meinem Inneren war es total leer. Ich war 26 Jahre alt und hatte das Gefühl, dass mein Leben vorbei war.

Kapitel 25

Der nächtliche Besucher

Eines Nachts – ich war immer noch bei meiner Mutter – wachte ich plötzlich auf. Was war das? Bekam ich jetzt auch noch Halluzinationen? Direkt vor mir, auf einem persischen Kissen, saß ein Mann mit langem dunkelbraunen Haar.

„Wer bist du?“, fragte ich.

„Ich bin Jesus, Marias Sohn“, erwiderte er auf Persisch.

Ich fuhr zurück. Dann sah ich, wie er lächelte, und eine ungeheure Freude erfüllte mich.

„Du wirst mich mit dem Herzen kennenlernen“, fuhr er fort.

Unter seinem Knie lag ein Paket. Der Besucher erklärte mir, dieses Paket gehöre mir, aber ich dürfe es noch nicht öffnen. In dem Paket sei meine Zukunft. Ich spürte, wie ein Kraftstrom durch meinen Körper floss, der alle Lasten wegspülte, die ich die letzten Jahre getragen hatte. Und wie an ihrer Stelle eine große Liebe in mir wuchs.

Nie werde ich seine Augen vergessen. Aus ihnen leuchtete ein Feuer, das unmittelbar auf mich übersprang. Es war wie eine Operation, die eine Geschwulst entfernt, die den Leib und das Leben kaputt gemacht hat. Eine Totalsanierung von Leib und Seele.

Dann wurden das Licht und die Gestalt schwächer und waren verschwunden und ich schlief ein, tief und traumlos.

Am Morgen weckte mich die besorgte Stimme meiner Mutter. „Es ist Zeit zum Mittagessen und du liegst immer noch im Bett. Fühlst du dich nicht gut?"

Ich fühlte mich so gut und leicht wie noch nie. In meiner Seele spürte ich einen tiefen, tiefen Frieden. Aber es gab auch Fragen: War das wirklich passiert? War ich in der Nacht Jesus begegnet? Kaum stellte ich mir die Frage, sah ich wieder seine Augen. Nein, dieser Friede im Herzen, diese innere Befreiung – sie wären nicht möglich gewesen, wenn Jesus nicht tatsächlich bei mir gewesen wäre.

Immer noch spürte ich den Lichtstrahl seiner Gegenwart. Die Freude sprudelte in mir wie Kohlensäure in einer Limonade. Plötzlich konnte ich wieder hoffen.

Ich nahm meinen Koran zur Hand und las die 19., nach Maria benannte Sure, die von Jesus handelt. Ich las sie laut, mehrere Male. Meine Mutter sah mich fragend an. Ich sagte: „Jesus lebt! Der Messias lebt!" Dann stand ich auf und begann, durch das Zimmer zu tanzen.

Während ich so tanzte, kam meine fromme Tante herein. „Was ist los, was macht ihr hier?"

Ich sah sie an. Meine Augen müssen vor Glück gestrahlt haben. „Ich habe den Herrn gesehen! Ich habe Jesus gesehen!"

Ich war außer mir vor Freude über das, was in der

Nacht geschehen war, und tanzte im Kreis und lachte. Meine Verwandten waren weniger begeistert. Die Tante sagte: „Jetzt beruhige dich doch! Bist du betrunken?“

Aber ich tanzte weiter. Dann kam plötzlich mein Bruder herein und wollte wissen, ob ich verrückt geworden sei. Ich war jetzt ganz verschwitzt vom Tanzen und blieb einen Augenblick stehen. „Nein!“, rief ich. „Mir geht es blendend! Ich bin gesund und ich freue mich! Ich habe in der Nacht Jesus gesehen!“

Er hielt mich fest, um mich zu stoppen. „Schaff uns bloß nicht noch mehr Probleme! Du weißt doch, dass wir schon genug Feinde haben. Setz dich hin.“

Meine Tante schlug vor, Sayed Hashem zu holen, den Weissager und Schamanen, damit er seine Zaubersprüche über mir aufsagte und meine Körpersäfte wieder ins Gleichgewicht brachte.

Der Name ließ es mir kalt über den Rücken laufen. Sayed Hashem, der Mann mit den unheimlichen Augen ... So lange ich mich zurückerinnern konnte, waren alle Frauen unserer Familie mit ihren Problemen zu ihm gegangen. Er kannte sämtliche Geheimnisse aller meiner Tanten und hatte sich gut dafür bezahlen lassen.

Ich brach in Tränen aus. „Ich bin völlig gesund! Ich freue mich nur so, weil ich Jesus gesehen habe.“

Meine Tante holte ihren muslimischen Rosenkranz hervor und begann, Gebete zu rezitieren. Dann sagte sie mir: „Warum hast du nicht Mohammed oder Ali gesehen, sondern jemanden aus einer fremden Religion? Da stimmt doch was nicht!"

Mein Bruder pflichtete ihr bei: „Wenn du ihn wirklich gesehen hast, dann behalt es für dich. Und hör auf, herumzutanzen. Sag es niemand weiter!"

„Nein, das muss ich allen sagen! Was mir da passiert ist, ist absolut fantastisch!"

Meine Mutter seufzte: „Ich schicke meinen Diener los, er soll Sayed Hashem holen."

Als der Mann meiner Schwester im Gefängnis war, hatten wir Sayed Hashem oft besucht, aber er hatte uns nie konkrete Antworten gegeben, sondern nur allgemeine Ratschläge. Für seine abstrusen Rituale mussten wir ihm die merkwürdigsten Dinge besorgen, zum Beispiel den Fuß eines einjährigen Hahns oder die Geweihstange eines Hirsches. Oder wir mussten ein Hufeisen im Feuer zum Glühen bringen. Jedes Mal, wenn wir dort waren, wurde mir schlecht. Er schien mich auch nicht besonders zu mögen und reagierte oft giftig auf meine vielen Fragen.

Ich sagte meiner Mutter, dass ich mit Sayed Hashem nichts zu tun haben wolle, und ging in mein Zimmer. Aber ich hörte noch, wie draußen meine Mutter meinen Bruder fragte: „Wie siehst du das mit deiner Schwester? Keiner weiß, was sie da in Schweden macht, mit diesem Mann, den sie unbedingt haben wollte. Ich glaube nicht, dass sie glücklich ist. Keiner weiß, warum sie zurückgekommen ist. Ich gebe ihr jeden Tag das beste Essen, aber sie wird immer dünner, und jetzt behauptet sie auch noch, sie hat Jesus gesehen! Ich bete Tag und Nacht für sie, aber Gott scheint mich nicht zu hören."

Dann die Stimme meiner Tante: „Am besten gehst du zum Mahdi-Brunnen oder zu Sayed Hashem, damit er den Bann aus dem Westen, der über deine Tochter gekommen ist, bricht. Am besten wäre es, sie bleibt im Iran und geht nicht mehr zurück nach Schweden."

Der Mahdi-Brunnen ist ein Wunschbrunnen, aus dem der Mahdi, der 13. Imam, getrunken haben soll. Der Besucher schreibt seine Gebete auf einen Zettel, den er dann in den Brunnen wirft.

Ich warf mich auf mein Bett und weinte: „Jesus, ich liebe dich. Ich will dich kennenlernen. Verlass mich nicht, bitte, verlass mich nicht!"

Meine Tante kam mit einem Glas Wasser herein. „Wir wollen nur dein Bestes. Wir machen uns wirklich Sorgen um dich. Weißt du nicht mehr, wessen Tochter du bist und was für einen großen Namen du trägst?"

„Ich habe keinen Durst!"

„Wie du willst." Sie ließ das Glas stehen und ging.

Nach einer Weile verließ ich mein Zimmer. Niemand war mehr zu Hause, das Haus war fast leer. Unsere Dienerin Ghazale sagte mir, dass meine Mutter und Tante zu Sayed Hashem gegangen waren. Nun gut, das ließ sich wohl nicht ändern, aber ich beschloss, es ihnen nicht leicht zu machen.

Mitten in der Nacht wachte ich auf, weil ich ein Flüstern hörte. „Noch ein bisschen mehr – so."

Meine Mutter und meine Tante standen neben meinem Bett und beugten sich über mich. Die eine hielt eine Strähne meines langen Haares in der Hand, die andere eine Schere. Der Zauberer hatte sie also angewiesen, eine Locke von meinem Haar abzuschneiden, die er für seinen Hokuspokus brauchte. Ich fuhr hoch und schrie laut um Hilfe.

Mama und meine Tante versuchten, durch das Fenster zu fliehen, doch da kam schon, noch schlaftrunken, unser Diener Jacki angerannt und begann, sie mit seinen Fäusten zu bearbeiten. Sie schrien vor Schreck: „Wir sind es doch, hör auf!"

Aber Jacki, der immer noch nicht ganz wach war, verstand sie erst nicht. Jetzt packte er meine Tante am Hals, um sie zu würgen. Mama gelang es endlich, das Licht anzuschalten. Jacki, der jetzt endlich richtig wach wurde und sah, was er da tat, bekam einen tüchtigen Schrecken und bat um Entschuldigung: „Was macht Khanoum Bosorg hier mitten in der Nacht?" (*Khanoum Bosorg* bedeutet „Die mächtige Hausfrau" und ist ein Ehrentitel für verheiratete Frauen aus der besseren Gesellschaft.)

Meine Mutter keuchte: „Das geht dich nichts an. Verschwinde!"

Jacki sah mich an und sagte: „Ich bin jederzeit bereit, Euch zu helfen."

Ich dankte ihm und sagte: „Es ist gut, du kannst gehen."

Einige Tage danach entdeckte ich, dass jemand

kleine Stücke aus meinen Kleidern herausgeschnitten hatte. Ich stellte mich dumm und fragte meine Mutter: „Mama, weißt du, woher diese Löcher in meinen Kleidern kommen?"

Meine Mutter lächelte sanft. „Sayed Hashem hat ein Wunder getan! Du bist viel ruhiger geworden. Mach dir nichts aus den Löchern, ich kaufe dir neue Kleider!"

Ich musste denken: „Was für Narren! Wie lange muss ich diese Torheit noch aushalten?"

Wenn ich allein war, betete ich zu Jesus und ein tiefer Friede durchströmte meinen Körper und meine Seele. Ich wusste selbst nicht, wie mir geschah. Was war das nur? Was geschah mit mir? Meine Verwandten fragten sich das auch, allerdings aus anderen Gründen.

Eines Abends gab es bei meiner Mutter einen Familienrat. Der älteste Cousin meines Vaters fragte mich: „Soheila, sag uns ehrlich: Woran, an wen oder an was glaubst du eigentlich? Wir haben den Eindruck, dass du unter dem Bann eines bösen Geistes stehst."

Viele Menschen im Nahen Osten haben eine Heidenangst vor bösen Geistern. Für sie ist die Welt voll von Dschinnen – dämonischen Wesen, die in leer stehenden Häusern, im Blut, in der Asche oder im Feuer hausen. Schon als kleines Kind hörte ich Geschichten, wie dieser oder jener einen Dschinn gesehen hatte. Zum Schutz vor den Geistern nähen sich viele Menschen eine Sure aus dem Koran in die Kleider oder in ein Armband.

Mein Cousin nahm sein Armband mit der Sure ab und reichte es mir. „Hier, leg das an."

Ich weigerte mich. „Mir geht es gut, ich habe keinen bösen Geist."

Er antwortete: „Gott hat 124.000 Propheten gesandt, darunter drei große: Mose, Jesus und Mohammed. Mohammed ist der größte und letzte. Und jetzt noch einmal: An wen glaubst du?"

Ich antwortete lächelnd: „Ich glaube an den lebendigen Gott!"

„Was meinst du damit? Deine Tante sagt, dass du die ganze Zeit von Jesus redest."

„Ich habe ihn gesehen", antwortete ich, „und er hat mich geheilt."

Meine Verwandten sahen einander an. Papas Cousin sagte: „Wenn du weiter zu anderen Menschen von Jesus redest, müssen wir dich in ein einsames Bergdorf schicken, wo kein Fremder hinkommt. Da kannst du dann bis an dein Lebensende bleiben. Und deine Kinder siehst du nie wieder."

Es war eine massive Drohung. Aber ich dachte: „Nichts kann mich hindern! Jesus hat mir doch selbst gesagt, dass er mich zu denen führen wird, die ihn lieben."

Für mich war Gott lange ein böser alter Mann gewesen, der oben in den Wolken saß und uns Menschen bestrafte, wenn wir etwas falsch gemacht hatten, und oft hatte ich mich gefragt, warum er uns Prüfungen schickte, die so schwer waren, dass wir sie nicht bestehen konnten. Und jetzt war auf einmal alles anders – ich war ganz durchdrungen von Gottes Liebe und sah ihn in allem, was hell und gut war. Ich hatte keine neue Religion bekommen. Ich hatte eine Beziehung zu dem lebendigen Gott bekommen.

Innerlich war ich frei, aber äußerlich saß ich in einem Käfig. Wenn ich zurück nach Schweden wollte, dann musste ich um einiges vorsichtiger werden, wenn es darum ging, über Jesus zu reden.

Aber dann wurde meine Mutter eines Abends plötzlich sehr krank. Ich ging zu ihr und konnte es mir nicht verkneifen, sie zu fragen: „Soll ich für dich beten?"

Sie schaute mich aus ihren Fieberaugen an. „Ja, tu das!"

Nanu, das war neu. Ich wusste nicht, wie man für andere Menschen betete, aber gut. Ich sagte: „Lieber Herr Jesus, du hast mir geholfen und mich geheilt. Bitte hilf jetzt meiner Mutter und zeige ihr, dass du lebst."

Ich ging wieder aus dem Zimmer. Eine halbe Stunde später stand meine Mutter auf und war gesund! Sie kam zu mir und sagte: „Wir sollten eine Kerze für Jesus anzünden. Er hat mir geholfen."

Nach diesem Ereignis wurde die Atmosphäre in Mamas Haus anders. Meine Mutter wurde viel ruhiger. Einige Wochen später telefonierte sie mit meinen Kindern und diese sagten ihr, wie sehr sie sich nach mir sehnten. Und sie, die absolut nicht gewollte hatte, dass ich zurück nach Schweden ging, änderte ihre Meinung und sagte, es wäre wohl am besten, wenn ich wieder bei meinen Kindern wäre.

Und so saß ich ein paar Tage später erneut in einem Flugzeug nach Schweden. Die Verwandtschaft wusste nichts; meine Mutter hatte das Vorhaben geheim gehalten. Danach wurde meine Beziehung zu meiner Mutter viel besser und heute ist sie ganz anders als in meiner Kindheit. Seit ich selbst Mutter bin, kann ich auch meine Mutter viel besser verstehen. Sie hatte manchmal gute Gründe, sich Sorgen um mich zu machen, als ich ein Kind war.

Kapitel 26

Des Elends zweiter Teil

In Schweden erwarteten mich keine guten Nachrichten. Mein Mann hatte die Scheidung eingereicht.

In dieser Phase meines Lebens waren mir ein Beamter am Sozialamt namens Mohammed Maleki und Pastor Gert Nordin eine große Hilfe. Ich mietete mir eine Wohnung und musste das Leben ganz neu beginnen. Vom Sozialamt erhielt ich Geld zum Kauf von Gebrauchtmöbeln: ein Sofa und Betten für die Kinder und mich. Dank meiner Begegnung mit Jesus war ich jetzt stärker und konnte mit der Situation fertig werden. Es war jetzt ein Jahr her, dass ich zum ersten Mal nach Schweden gekommen war.

Zu Silvester hatte ich mehrere persische Freunde zu mir eingeladen. Ich hatte von meinem wenigen Geld einen Truthahn gekauft. In einer Ecke stand der total abgenadelte Christbaum, den ich Anfang Dezember gekauft hatte; ich hatte nicht gewusst, dass man Christbäume wässern musste.

Plötzlich klingelte es an der Tür. Es war eigentlich noch zu früh für die Gäste. Meine Tochter öffnete. Es war mein Mann, der mir eröffnete, er wolle das Fest mitfeiern; das sei sein gutes Recht, da ich ja noch seine Frau sei.

Ich forderte ihn auf, zu gehen. Darauf nahm er den

erstbesten Gegenstand zur Hand und schlug damit auf mich ein, dann trat er mich. Atoossa fing laut an zu schreien. Die Nachbarn hörten den Lärm und riefen die Polizei. Die kam, ebenso ein Krankenwagen, der mich ins Krankenhaus fuhr. Später, vor Gericht, behauptete mein Mann, dass ich die Nerven verloren und mir die Verletzungen selbst zugefügt hätte; er habe mir kein Haar gekrümmt.

Ich betrat den Gerichtssaal mit furchtbarer Angst. Um das Folgende zu verstehen, muss man bedenken, aus was für einer Kultur ich kam. In meiner Kultur ist der Mann der halbe liebe Gott. Der Mann hat immer recht. Die Frau hat jede Erniedrigung und Misshandlung zu ertragen und unter keinen Umständen darf sie ihren Mann vor Gericht ziehen. Und so nahm ich meine Klage zurück und sagte: „Ich vergebe ihm."

Die schwedische Zeugin sah mich an, mit einem Blick, der deutlich sagte: „Wie kann man nur so ein williges Opfer sein?"

Mein Exmann wurde zu einer Geldstrafe verurteilt.

Dass ich in Scheidung lebte, war für meine iranischen Verwandten ein Skandal. Meine Mutter und Cousins riefen mich an: „Warum hast du deinen Mann verlassen? Du kannst nicht allein in Schweden wohnen. Komm zurück oder heirate." Wenn Arash schon groß gewesen wäre, wäre er das Familienoberhaupt geworden und ich hätte mein Leben nach meinen eigenen Vorstellungen gestalten können. Aber er war noch ein Kind und so war es für meine Verwandten eine

Schande, dass ich getrennt von meinem Mann lebte. Obwohl ich in Schweden wohnte, lebte ich immer noch nach den Normen der iranischen Ehrenkultur. Was das heißt, möchte ich jetzt beschreiben.

Unsere persische Kultur hat mehrere Definitionen von „Ehre". Ich möchte zwei davon nennen. *Namos* ist die sexuelle Ehre der Frau. *Sharaf* ist die Ehre des Mannes, seine Position in der Gesellschaft. Einer Sippe bzw. Familie, die Ehre hat, stehen alle Türen offen: Freundschaften, Geschäftsbeziehungen, Heiraten – ihre Mitglieder werden gern als Partner gewählt. Ist die Ehre einer Familie dagegen beschädigt oder nicht vorhanden, schließen sich alle Türen. Die Familienehre ist von unschätzbarem Wert.

Männer wie Frauen tragen Verantwortung für *Namos* und *Sharaf*. Die höchste Pflicht der Frau ist es, ihre *Namos* (sexuelle Reinheit) zu bewahren; für die *Sharaf*, also das Ansehen in der Gesellschaft, sind Frau und Mann zuständig.

Schon kleine Jungen lernen, dass es ihre Aufgabe ist, die *Namos* der Frauen (und damit ihre eigene *Sharaf*) zu verteidigen. Im schlimmsten Falle kann dies bedeuten, dass sie ihre eigene Cousine, Schwester oder Mutter töten müssen, um mit ihrem Blut die Schande von der Familie abzuwaschen.

In der orientalischen Kultur ist der Einzelne von seiner Umgebung abhängig. Sein Verhalten richtet sich danach, was die anderen über ihn denken. Im Westen bringt man seinen Kindern bei, dass jeder Mensch für das, was er tut, selbst verantwortlich ist. Im Iran lernt man dagegen, immer erst zu fragen, wie die anderen über ein eigenes Vorhaben oder Verhalten denken. Ich war schließlich gezwungen, zu meinem Bruder in Göteborg zu ziehen, um dem Druck und dem Klatsch ein Ende zu setzen; es ging um die Familienehre.

Einige Zeit nach dem Umzug kam es zu einem Streit zwischen meinem Bruder und mir. Ich stellte ihn zur Rede, weil er zwei Freundinnen gleichzeitig hatte. Einen Mann wegen etwas zur Rede zu stellen, ist in unserer Kultur eine Todsünde. Mein Bruder tobte und schlug und trat mich so, dass ich im Krankenhaus landete. Als ich dort auf einer Trage lag und ein Arzt meine Verletzungen fotografierte, wusste ich: „Er hat dich geschlagen, aber er hat dich nicht brechen können. Das hier ist nur äußerlich, das geht wieder vorbei."

Die Kinder und ich kamen in ein Frauenhaus in Göteborg. Ich war übel zugerichtet. Ich hatte Blutergüsse am Hals und im Gesicht und mein ganzer Körper tat mir weh. Ich sehnte mich so nach einem Menschen, mit dem ich reden konnte, aber da war die Sprachbarriere. Ich weiß noch, wie ich eines Abends in einem weißen Sessel saß und laut zu mir selbst sagte: „Eines Tages werde ich ein sicheres Haus für uns Einwandererfrauen bauen." Als Frau aus dem Nahen Osten hatte ich die Erfahrung gemacht, dass die Behörden sich immer auf die Seite des Mannes stellten, und betrachtete daher das Personal in dem Frauenhaus mit Misstrauen. Ich wusste nichts über die Gesetze in Schweden und über meine Rechte.

Meine eigenen leidvollen Erfahrungen sind mir heute sehr von Nutzen im Umgang mit den Männern und Frauen in Haus Sara, dem sicheren Haus, das unser Verein Khatoon eingerichtet hat.

Sie werden es nicht glauben, aber ich ging zurück zu meinem Exmann. Er verhielt sich unerwartet versöhnlich und setzte seinen ganzen Charme ein, um mich glauben zu machen, dass diesmal aber ganz bestimmt alles gut zwischen uns würde. Aber das hielt nicht lange an, und nach kurzer Zeit war alles wieder so wie früher. Er hatte andere Frauen und schlug mich beim geringsten Anlass. Einmal schlug er mir in einem Supermarkt mit einer Blumenvase ins Gesicht, dass ich aus dem Mund zu bluten begann. Als ich im Bus nach Hause saß, eine blutige Serviette an mein Gesicht gedrückt, musste ich denken: „Warum fragt mich niemand, was mit mir ist und ob man mir helfen kann?" Ich wusste damals noch nicht, wie ängstlich und konfliktscheu die schwedische Kultur ist.

Dies war das letzte Mal, dass ich mit meinem Mann zusammen war. Danach brachte ich es nicht mehr fertig.

Erst als endlich die Scheidung durch war, kam mein Leben langsam in geordnete Bahnen. Ich belegte einen Kurs in Schwedisch für Einwanderer, tat in einem Fitnesscenter etwas für meine Gesundheit und jobbte in einem kurdischen Restaurant. In dem Restaurant lernte ich einen wunderbaren Schweden mit einem Herzen aus Gold kennen. Åke war Christ und nach ein paar Monaten machte er mir einen Heiratsantrag wie im Märchenbuch: mit einem Strauß aus hundert Rosen und einem Ring. Ich liebte ihn so sehr und die Kinder waren begeistert von ihm und er von ihnen.

Endlich sah meine Zukunft heller aus. Aber diese Hoffnung sollte nicht lange dauern. Ganz plötzlich, an einem Winterabend, war alles aus. Auf dem Weg zu einem Eishockeyspiel, über das er eine Reportage schreiben sollte, starb Åke bei einem Autounfall. Ich hatte schon mein Brautkleid gekauft und wir waren dabei gewesen, uns ein Haus zu kaufen.

Es war der letzte große Schicksalsschlag in meinem Leben. Ich war am Boden zerstört; immer wieder fragte ich: „Warum? Warum?" Drei Monate konnte ich fast nichts essen und magerte bedenklich ab.

Heute glaube ich, dass alles, was ich durchgemacht habe, mir hilft, andere Menschen, die leiden, besser zu verstehen.

Åkes Eltern waren sehr liebe Menschen, zu denen ich heute noch Kontakt habe. Sie beschlossen, dass ich Åkes Nachlass erhalten sollte, wozu ich rein juristisch gar nicht berechtigt war, und von dem Geld kaufte ich mir ein Reihenhaus in Hedemora und fing an, mein Leben in Schweden aufzubauen.

Zwei Jahre später, 1998, sollte ein neuer Mann in mein Leben kommen, aber das wusste ich damals noch nicht.

Kapitel 27

Die verschwundene Braut

Als meine Scheidung endgültig war, klingelte mein Telefon noch öfter. Ein Verwandter nach dem anderen rief an, und die Botschaft war immer die gleiche: „Du musst wieder heiraten!“ Dass ich allein lebte, ohne Mann, war eine Schande. Ich war eine Hure; ich war ein schwarzes Schaf, das auf die Familie abfärbte.

Manchmal konnte ich die ewig gleichen Vorwürfe nicht mehr ertragen; dann legte ich einfach den Telefonhörer auf den Tisch und ging in die Küche, um abzuwaschen. Sobald das Wasser nicht mehr lief, schallte das Gezeter aus dem Hörer bis zu mir in die Küche herüber. Einmal war gerade meine Freundin Inga-Lill zu Besuch. Sie konnte über diese Anrufe lachen; mich machten sie fix und fertig.

Meine Cousins und Cousinen schickten mir Briefe: „Vergiss nicht, dass du eine Muslima bist! Du darfst nicht zur Kirche gehen. Die Kirche ist kein heiliger Ort.“ Und so weiter.

Dann lag eines Tages eine Einladung zu einer Hochzeit in der Türkei in meinem Briefkasten. Das Flugticket war beigefügt. Ich überlegte hin und her, dann bat ich eine Freundin, für ein paar Tage in meine Wohnung zu ziehen, um die Kinder zu hüten. Es fiel mir nicht leicht, ohne die Kinder zu verreisen, aber andererseits war ich müde und überarbeitet und konnte etwas Abwechslung gebrauchen. Und meine Verwandten wieder einmal zu sehen, war ja nichts Schlechtes.

Das Ticket war zehn Tage gültig. Ich flog an einem Freitagmorgen. Auf dem Flughafen in Istanbul erwarteten mich mehrere meiner Verwandten. Ich fragte sie nach meiner Mutter und sie antworteten: „Immer mit der Ruhe. Du wirst sie schon treffen, aber noch nicht heute."

Das war merkwürdig. Ich schickte ein stummes Gebet zu Gott, er möge mich beschützen, und nahm mein Kreuz in die Hand. Dann kam der nächste Gedanke: „Du hörst die Flöhe husten. Was soll dir schon passieren?"

Meine Verwandten fuhren mit mir zu einem Hotel, in dem ein schönes Zimmer auf mich wartete. Ich ging hinein und verschloss die Tür. In der Nacht schlief ich unruhig. Als ich am Samstagmorgen aufwachte, hatte ich ein komisches Gefühl in der Magengrube. Was war das nur?

Um zehn Uhr kamen meine Verwandten und sagten: „Mach dich schön für die Hochzeit. Wir holen dich in ein paar Stunden ab."

Ich fragte: „Und wo sind Mutter und meine Geschwister?"

„Die wirst du bald sehen. Die kommen mit dem Auto von Ankara."

Von Ankara? Ich wurde immer unruhiger. Aber gut, ich duschte mich und ging anschließend in den

Friseursalon des Hotels. Danach zog ich eines der eleganten Kleider an, die meine Verwandten für mich dagelassen hatten. Eine Stunde, bevor meine Cousins mich abholen wollten, lief ich dem Direktor des Hotels über den Weg. Der sagte auf Kurdisch: „Meinen ganz herzlichen Glückwunsch!"

Ich erwiderte verdutzt: „Wozu?"

„Na, Sie heiraten doch heute einen steinreichen Mann! Allein seine Villa ist mehr wert als mein Hotel."

Mir war, als ob mir jemand einen Kübel Eiswasser über den Kopf gegossen hatte. Ich zwang mich zu einem steifen Lächeln.

Später habe ich erfahren, wie alles zusammenhing. Als ich das erste Mal in die Türkei gefahren war, hatte mein Möchtegern-Bräutigam mich gesehen. Er bombardierte meine Mutter darauf mit Briefen und Anrufen. Mithilfe gemeinsamer Verwandter – die Familien waren um sechs Ecken herum verwandt – hatte man die Hochzeit geplant.

Gegenüber dem Hoteldirektor musste ich natürlich gute Miene zum bösen Spiel machen. Ich dankte ihm für seine Glückwünsche und erklärte, ich müsse kurz noch einmal in die Stadt, um mir neue Schuhe zu kaufen, da die jetzigen nicht zu meinem Kleid passten.

„O, das tut mir leid", sagte er, „aber vor der Hochzeit kann ich Sie nicht mehr aus dem Haus lassen."

Ich sagte nichts. Was jetzt? Aber halt, das Hotel musste doch einen Personaleingang haben! Am ganzen

Leib zitternd, marschierte ich durch das Restaurant in die Küche und von dort aus hinaus ins Freie. Das Küchenpersonal spielte Karten und beachtete mich nicht. Ich ging ein Stück die Straße entlang, dann hielt ich ein Taxi an. „Bringen Sie mich bitte zum Flughafen."

Unterwegs betete ich wieder und wieder: „Jesus, hilf mir, Jesus, hilf mir, Jesus, hilf mir."

Am Flughafen ging ich zu dem Schalter der Fluggesellschaft und bat um einen Platz im nächsten Flugzeug nach Schweden. Die Augen des Mannes am Schalter wurden misstrauisch; meine Eile schien ihm verdächtig vorzukommen. Dass ich ein Abendkleid trug, aber auf dem iranischen Passfoto ein Kopftuch, machte die Sache nicht besser. Der Beamte sagte: „Auf dem Passfoto sehen Sie aber ganz anders aus."

Nachdem ich ihm 50 Dollar gegeben hatte, sagte er, er könnte mir einen Platz in der nächsten Maschine besorgen, wenn ich ihm noch einmal 50 Dollar gäbe. Und so bekam ich mit meinen letzten Geldreserven meine Bordkarte zurück in die Freiheit.

Mein Flug ging erst am Nachmittag. Mein elegantes Abendkleid war denkbar ungeeignet für eine Flugreise im Allgemeinen und eine Reise in das kalte Schweden im Besonderen, aber was sollte ich machen?

Die langen, bangen Stunden in der Wartehalle, bevor endlich mein Flug aufgerufen wurde, werde ich nie vergessen. Was, wenn meine Verwandten mich doch noch aufspürten? Dann war es endlich so weit. Das

Flugzeug startete und fünf Stunden später war ich wieder in Schweden. Ich rannte fast durch die Passkontrolle, stürzte mich auf den erstbesten Zollbeamten, fiel ihm um den Hals und rief: „Jesus ist wunderbar!"

„*Was* ist wunderbar?", fragte der verdutzte Mann.

Ich fuhr mit dem Zug nach Hedemora. Als ich an meiner Tür klingelte, öffnete meine Freundin, die ihren Augen erst nicht traute. „Was? Bist du schon zurück? Warst du überhaupt in der Türkei?" Ich musste ihr mein Flugticket zeigen, damit sie mir glaubte.

Am nächsten Tag kamen die empörten Anrufe von meiner Verwandtschaft: „Du Idiotin! Du bist verrückt! Wir kommen und holen dich zurück!"

Ich sagte: „Habt ihr immer noch nicht begriffen, dass man mich zu nichts zwingen kann?"

Kapitel 28

Endlich eine richtige Familie

Ich bin schon immer in den Frühling verliebt gewesen. Im Frühling kommt das Leben zurück – vor allem in Schweden, wenn auf den langen, dunklen, kalten Winter Wärme und Licht folgen. Im Jahr 1998 brachte der Frühling auch für mich persönlich ein ganz neues Leben.

Wie schon erwähnt hatte ich mir nach dem tragischen Tod meines Verlobten Åke ein kleines Reihenhaus kaufen können. Trotz allem war ich voller Zukunftshoffnung, als ich die Zimmer einrichtete. Mein christlicher Glaube trug mich durch. Ich hatte Frieden in meiner Seele.

Leider waren viele meiner persischen Freunde auf Distanz zu mir gegangen, nachdem ich Christin geworden war, sodass ich mich etwas einsam fühlte. Aber ich hatte wunderbare Freunde in der Gemeinde in Hedemora, die immer wieder kamen und mir halfen. Pastor Gunnar Hellerby und seine Frau Elisabet besuchten mich oft und waren mir eine große Stütze.

Eines Sonntagnachmittags im März kam Elisabet, um mich zu einer Veranstaltung in der Kirche abzuholen. Ich wollte erst nicht mitgehen, denn ich hatte Kopfschmerzen, aber sie ließ nicht locker. Es war ein Lob- und Dankgottesdienst mit Besuchern aus nah und fern.

Nach den Liedern trat ein Mann namens Kjell Fors auf die Kanzel und begann eine Predigt über das jüdische Jubeljahr, in dem die Israeliten, die ihr Eigentum verloren hatten, es zurückbekamen, und Sklaven freigelassen wurden. So etwas hatte ich noch nie gehört.

Irgendetwas in mir forderte mich auf, mir diesen Gastprediger genauer anzusehen. Er hatte ein gewisses Etwas. Es kam zu mehreren Treffen. Ich war nicht verliebt, aber doch interessiert. Und gleichzeitig voller widerstreitender Gefühle.

Ich dachte an die Kinder; ich wollte doch so gerne, dass sie in einer richtigen Familie groß wurden. Und ich selbst war es so satt, alles allein tragen zu müssen. Und wenn ich mich mit einem Schweden verheiratete, würde ich ganz anders zu Schweden gehören als bisher.

Aber als kurdische Frau war ich auch sehr stolz. Ich brachte es nicht fertig, mit einem fremden Mann über meine Gefühle und Probleme zu reden. Unter den Iranern in Schweden kursierten schon alle möglichen Gerüchte über mich: Dass ich den Islam verlassen hatte, um den Männern nachrennen zu können. Dass die Kirche mir Geld gegeben hatte, damit ich zum Christentum übertrat. Ich hatte auch zahlreiche merkwürdige Anrufe und anonyme Briefe bekommen. Einmal trat in dem Sprachkurs ein Mann zu mir, riss mir das Kreuz ab, das ich an einer Halskette trug, und spuckte mich an.

Ich versuchte den Leuten zu erklären, dass ich den

Islam verlassen hatte, weil ich eine persönliche Beziehung zu Jesus bekommen hatte – eine Beziehung, die mich mit einer unbeschreiblichen Freude erfüllte. Anfangs taten mir all die bösen Gerüchte und Verleumdungen weh, doch als ich das im Gebet Gott hinlegte, gab er mir seinen Frieden. Ich musste oft an den 27. Psalm denken: „Der Herr ist mein Licht und mein Heil; vor wem sollte ich mich fürchten? Der Herr ist meines Lebens Kraft; vor wem sollte mir grauen?" Dieser Psalm hat mir oft geholfen.

Für eine kurdische Frau bedeutet die Ehe Geborgenheit und Schutz – nicht zuletzt Schutz vor anderen Männern. So war es auch bei mir.

Drei Monate, nachdem wir uns kennengelernt hatten, im Juni 1998, heirateten Kjell und ich in der Kirche in Hedemora. Pastor Gunnar Helleby traute uns. Ich trug ein perlenbesetztes Brautkleid mit viel Spitze, das ich von Teheran hatte kommen lassen. Es hatte eine lange Schleppe, was in Schweden eigentlich nur bei königlichen Hochzeiten üblich ist. In meinem Haar trug ich einen Brautkranz.

Es gab trotz allem etliche kurdische und iranische Freunde, die nicht mit mir gebrochen hatten, und sie waren bei meiner Hochzeit dabei. Und natürlich meine beiden Kinder Arash und Atoossa und Kjells drei Söhne. Und die Freunde aus der Kirchengemeinde in Hedemora.

Nach der Trauung folgte der Hochzeitsempfang im Gemeindehaus. Es gab kurdische Speisen, die mehrere kurdische Köche aus Västerås zubereitet hatten. Es war ein wunderbares Fest und ich war sehr glücklich.

Für meine iranischen Verwandten war meine Heirat natürlich ein Schock. Sie verstanden die Welt nicht mehr: Soheila hatte einen Schweden geheiratet – und einen Christen noch dazu! Gut, damals war Kjell nicht Pastor, sondern Biologie- und Geografielehrer, aber trotzdem …

Es kam ein Anruf aus dem Iran nach dem anderen. Schließlich gaben sie es auf. Sie begriffen, dass es mir gut ging, und wurden langsam neugierig auf meinen neuen Mann.

Nach der Hochzeit zog ich mit den Kindern in Kjells 13-Zimmer-Villa um. Unser Heim wurde ein gastliches Haus für viele und ein Haus des Gebets. Tag und Nacht kamen Besucher. Oft wohnten im Untergeschoss Flüchtlinge. Und viele Menschen kamen bei uns zum Glauben an Jesus Christus.

Ich war 31 Jahre alt, als mein neues Leben begann.

Kapitel 29

Leben in einer anderen Kultur

Viele Einwanderer in Europa kommen, wie ich, aus einer ausgeprägten Kollektivkultur, in der der Einzelne nichts ist ohne seine Familie. Verwandte haben einander zu helfen und sich zu unterstützen. Viele Menschen im Westen fragen sich, wie Menschen, die aus armen Ländern kommen, sich die Dienste von Fluchthelfern leisten können. Nun, die Verwandten bringen das nötige Geld auf.

Die Kollektivkultur hat nicht nur negative, sondern auch positive Seiten. Man steht füreinander ein. Will jemand zum Beispiel ein Haus kaufen, helfen alle mit. Die andere Seite der Medaille ist, dass die Familie alles und jedes kontrolliert, wie ich es nach meiner Scheidung erfahren musste.

In Ländern mit Kollektivkultur sind Altenheime so gut wie unbekannt. Um die demente Oma kümmert sich selbstverständlich die Familie. Als ich Hilfspflegerin in einem Altenheim in Schweden war, tat mir die Einsamkeit so vieler Bewohner dort weh. Wo waren ihre Verwandten?

In Schweden herrscht ein ganz anderes Familienbild. Der Zusammenhalt der Verwandtschaft ist im Vergleich mit der Kultur, aus der ich komme, sehr schwach. Aber dafür ist die Unterstützung durch die Gesellschaft stark.

In meiner Kultur bekommt man in Notlagen kaum Hilfen durch den Staat oder die Gesellschaft. Wer Hilfe braucht, muss sich an seinen Stamm oder Clan wenden. Für die Europäer ist das soziale Netz des Staates wichtiger; sie bezahlen Steuern, damit alle versorgt werden.

Wir sind in Schweden viele, die aus Ländern kommen, in der Gewalt gegen Frauen, politische und religiöse Unterdrückung, Bandengewalt und Hunger alltäglich sind. Wir träumten von einem Land, in dem Friede und Freiheit herrschen, und wir haben beides bekommen. Aber das Land, in dem wir jetzt wohnen, ist andererseits sozusagen friedensgeschädigt und hat Probleme mit seiner Identität. Wer nichts mehr hat, für das er kämpfen muss, wird verunsichert und schwach. Und die Leere, die entsteht, wo man den Glauben abgeschafft hat, kann durch noch so viel Wohlstand nicht gefüllt werden.

Der Übergang von einer Kollektivkultur zur Individualkultur ist alles andere als leicht. Ich habe ihn selbst durchlitten und mich so einsam gefühlt wie noch nie zuvor in meinem Leben, selbst nicht in den schlimmsten Zeiten bei der Familie meines Mannes. Und diese Erfahrung war mit das stärkste Motiv für den Aufbau meiner Teehaus-Arbeit in Karlskoga: Ich wollte Immigrantinnen die unvermeidliche Einsamkeit erleichtern. Aber das Teehaus sollte mir noch viele andere Erfahrungen bringen, mit denen ich nicht gerechnet hatte.

Kapitel 30

Ein Teehaus für Frauen

Im Jahr 2008 ging ich in Karlskoga in einen Kurs der Erwachsenenbildung. Eines Tages erzählte eine Frau in unserer Gruppe, wie ihr Mann sie geschlagen hatte, bloß weil sie in ein Café gegangen war. In gewissen Einwanderermilieus gilt Schweden als „unreines“ Land, in dem der Ehemann es seiner Frau nicht erlauben darf, sich frei zu bewegen und etwa in die Öffentlichkeit zu gehen.

Als ich dieser Frau zuhörte, musste ich daran denken, wie für mich als junges Mädchen im Iran Teehäuser absolut tabu gewesen waren; ein Teehaus, das war nur etwas für Männer. Ich spürte, wie die Pippi Langstrumpf in mir erwachte. Ich würde ein Teehaus für Frauen eröffnen!

Von 2005 bis 2008 arbeiteten mein Mann und ich im kurdischen Teil des Irak. Ich wirkte in einem Gleichstellungsprojekt der kurdischen Provinzregierung in Erbil mit. Ziel des Projektes war es, Ausbildungsmöglichkeiten zu schaffen, die Frauen Wissen und Unternehmungsgeist vermittelten. Wir bauten Kurse auf, in denen Frauen ihre Rechte kennenlernten und Kenntnisse in Hygiene, Selbstverteidigung und dem Umgang mit Computern erwarben. Ich lernte zahlreiche Frauen kennen (vor allem Witwen mit Kindern), die es sehr schwer hatten. Ich erinnere mich an eine völlig ausgemergelte Frau, der ich in einem Elendsviertel begegnete. Ihr Kind wimmerte an ihrer leeren Brust. Es war eine Not, die mir ans Herz ging.

Ich suchte in meiner Handtasche nach etwas, was ich dem Kind geben konnte. Das Einzige, was ich fand, war eine Banane. Das Kind nahm die Banane und aß sie komplett mit der Schale. Ich sah, wie das Gesicht der Frau sich veränderte, und ich hörte in mir die Worte Jesu: „Ich war hungrig, und ihr habt mir zu essen gegeben." Die Szene war die Geburtsstunde meiner Lebensberufung – unglücklichen Frauen und Kindern eine neue Chance im Leben zu geben.

Im Sommer 2006, als wir zu Hause in Schweden waren, gründeten wir zusammen mit einigen Freunden den Verein „Khatoon", um Geld für bedürftige Kurdenfrauen sammeln zu können. *Khatoon* bedeutet „freie, selbstständige Frau". Solche Frauen zu schaffen, ist das Ziel des Teehauses in Karlskoga (Schweden), das der Verein Khatoon im Oktober 2010 eröffnete.

Viele Einwanderinnen in Schweden sind unerhört einsam. Dass zu viel Einsamkeit zu psychischen Problemen führen kann, wissen wir alle. Nach einem Bericht des schwedischen Instituts für Volksgesundheit geben 39 Prozent aller Immigrantinnen an, dass sie psychische Probleme haben. In Schweden versucht man dieses Problem oft mit Tabletten zu lösen. Viele Einwandererfrauen werden mit Medikamenten vollgepumpt. Mir selbst ist es ja auch so gegangen. Es ging mir furchtbar schlecht, als ich nach Schweden kam. Aber ich brauchte keine Medikamente, ich brauchte einen Menschen, mit dem ich reden konnte!

Viele der Frauen, die in unser Teehaus in Karlskoga kommen, nehmen jeden Tag diverse Pillen ein, die ihre Einsamkeit betäuben sollen. Die meisten können ihre Medikamente absetzen, sobald sie Gemeinschaft und menschliche Wärme erfahren. In unserem Teehaus treffen sich Frauen aus 15 bis 20 Nationen, und diese Vielfalt hat das Haus unter anderem zu einem Ort der Integration gemacht, an dem Vorurteile und Mauern fallen. Man lernt voneinander. Das Teehaus ist auch ein Ort, den selbst Frauen, die aus Ehrenkulturen kommen, besuchen können.

Als ich die Teehausarbeit begann, hatte ich nichts als zwei leere Hände. Und meine Beharrlichkeit. Wer mich kennt, der weiß: Wenn ich mich einmal zu etwas entschlossen habe, sehe ich keine Hindernisse mehr, sondern nur Möglichkeiten. Und ich gehe nie zurück, sondern immer vorwärts.

Die Sache begann damit, dass der Verein Khatoon einen Brief an die Bezirksregierung schrieb, in dem wir unsere Idee eines Teehauses speziell für Frauen darlegten. Und siehe da, die Bezirksregierung gewährte uns einen Zuschuss von 25.000 Kronen! Wir brauchten auch geeignete Räumlichkeiten und fanden sie in dem alten rosa gestrichenen Amtshaus mitten in Karlskoga.

Die Räume waren in einem schrecklichen Zustand.

Um sie wohnlich zu machen, musste ich die Türklinken diverser Firmen putzen und um Spenden bitten – Farbe, Tapeten, Nähmaschinen, Stoff, Geschirrspülmaschine, Kühl- und Gefrierschrank. Ich war mutig, aber ich bettelte ja nicht für mich selbst, sondern für Frauen, die einen Zufluchts- und Versammlungsort außerhalb ihrer eigenen vier Wände brauchten. Ich sah mich selbst wieder in diesen Frauen. Ich erinnerte mich, wie es war, misshandelt zu werden und niemanden zu haben. Ich werde nie die Nacht vergessen, in der ich bei Kälte und Schnee mit meinen beiden Kindern unter einer Brücke kauerte, weil mein Mann uns vor die Tür gesetzt hatte, um mit seinen Freunden zu feiern.

In den ersten Monaten wachte ich nachts auf und grübelte, wie ich das Geld für die Miete zusammenbekommen sollte. Für die ersten Mieten verkaufte ich mehrere Goldarmbänder und Ohrringe von mir. Dann sprang Studiefrämjandet, einer der großen Bildungsverbände in Schweden, mehrere Monate lang ein; als Gegenleistung konnte der Verband in unserem Haus Kurse durchführen. Dann begann ich, Vorträge zu halten, und kam so zu Honoraren und Spenden.

Im Jahr 2010 gab die Bezirksregierung uns 96.000 Kronen; das reichte für viele Monatsmieten. Seitdem läuft unsere Finanzierung glatt. Bald wurden die Medien aufmerksam auf uns. Das Teehaus war in der Fernsehserie „Heimliche Millionäre“ mit dabei und kam so zu weiteren 50.000 Kronen. Wir wurden immer bekannter.

Im obersten Geschoss des ehemaligen Amtshauses, wo unser Teehaus begann, war früher einmal ein Kreißsaal. Für mich ist das ein Symbol. Viele der Frauen, die in unser Teehaus kommen, sind dort sozusagen von Neuem geboren worden.

Eine der Ersten, die kamen, war Zahra. Sie hat die Wände im obersten Stockwerk gestrichen. Auch das fantastische Mosaik in der Küche ist ihr Werk. Aber auch andere Künstler haben uns geholfen, sowohl im Teehaus als auch in Haus Sara.

Mit der Zeit haben wir immer mehr Räume in dem alten Amtshaus angemietet. Mehrere Zimmer im ersten und zweiten Stock des Teehauses sind im orientalischen Stil eingerichtet, mit niedrigen Tischen, Sitzkissen, kräftigen Farben und Goldstickereien. Die Möbel sind geschenkt oder stammen vom Sperrmüll oder der Mülldeponie. Wenig Geld, aber viel Fantasie – das ist typisch für uns. Inzwischen gibt es im Erdgeschoss eine Werkstatt, in der unsere Frauen aus geschenkten Stoffen, Knöpfen, Spitzen und Garnen Kissen, Taschen, Bilder und Kleider fertigen. Wir verkaufen die Kreationen im Haus; manchmal haben wir einen Tag der offenen Tür mit einem kleinen Kunsthandwerkermarkt.

Auf einem Anschlagbrett im obersten Geschoss steht das Leitbild unseres Teehauses: Hilfsbereitschaft, Respekt, Demut, Ehrlichkeit, Freude, Großzügigkeit, Mitgefühl, Offenheit, Initiative. Das Miteinander im Haus lebt vom Nehmen und Geben. Und von ehrlichen Rückmeldungen.

An der Wand meines Büros habe ich einige meiner Auszeichnungen aufgehängt. 2011 wurde ich zur Botschafterin des Jahres in Karlskoga gewählt, 2012 zur Frau des bürgerschaftlichen Engagements im Värmland. Im gleichen Jahr erhielt ich vom Frauenverband der schwedischen Christdemokraten den Margaretapreis; in der Begründung heißt es: „Dieser Preis geht an Frauen, deren Wirken von Mut, Ausdauer, Mitgefühl, Liebe, Beharrlichkeit und Offenheit geprägt ist." Ebenfalls 2012 machte mich die schwedische Tageszeitung *Dagen* zum Vorbild des Jahres und ich bekam Fördermittel von der Bank Länsförsäkringar Bergslagen. Ich freue mich sehr über all diese Anerkennung in der Öffentlichkeit, aber am meisten bedeuten mir die Frauen, die sich über unser Teehaus auf die gleiche Reise begeben, die ich hinter mir habe – die aus der Opferrolle ausbrechen und Frauen werden, die ihre eigene Würde haben. Sie sind meine eigentliche Belohnung.

Zahlreiche Institutionen und Behörden zeigen ihr Vertrauen zum Teehaus dadurch, dass sie uns finanziell unterstützen. Es war ein großer Schritt für uns, als das Arbeitsamt anfing, bei uns Ausbildungsplätze für Langzeitarbeitslose zu unterstützen. Man hatte gesehen, dass es den Frauen bei uns gut ging und wir ihnen echte Starthilfen geben konnten. Unter den Frauen im Teehaus sind viele, die lange krankgeschrieben waren, sowohl Schwedinnen als auch Immigrantinnen. Bei uns können sie Nähen, Tanzen, Aerobic,

Kunst und Malerei ausprobieren. Wir versuchen, ihre persönlichen Begabungen zu ermitteln.

Das Teehaus ist politisch und religiös ungebunden. Ich habe meinen christlichen Glauben, aber ich predige nie. Nicht meine Worte, sondern meine Taten müssen zeigen, wo ich stehe und an wen ich glaube.

Die Arbeit des Teehauses ist stetig größer geworden; heute haben wir etwa 30 Angestellte und es werden ständig mehr. Wir haben auch weitere Teehäuser in anderen Städten eröffnet, darunter Karlstad und Jönköping. Die Städte und Kommunen stehen Schlange bei uns, um neue Teehäuser eröffnen zu können; sie haben gemerkt, dass das, was wir gegen Ehrengewalt und Einsamkeit bei Einwanderern unternehmen, gut ist.

Wir haben auch etliche Non-Profit-Unternehmen gegründet, also Unternehmen, die nicht auf finanzielle Profite, sondern auf die Lösung sozialer Probleme und Hilfe für die Menschen ausgerichtet sind. Eines dieser Unternehmen (zurzeit ruht es) ist die Khatoon-Bäckerei. Eines Tages kam ein Mann in unser Teehaus in Karlskoga und sagte: „Meine Frau weint jeden Tag. Ich weiß nicht mehr, was ich machen soll. Kann ich sie zu Ihnen schicken?"

Ich sagte, dass er das gerne machen könne. Als Amin in das Teehaus kam, fragte ich sie: „Was kannst du alles?"

„Ich kann backen", erwiderte sie.

Ich probierte ihr Baklava-Gebäck. Es schmolz einem

auf der Zunge. Die Frau konnte wirklich backen! Und wir fingen an, eine Bäckerei aufzubauen, in der Amin heute angestellt ist.

In Schweden müssen alle Immigranten einen Kurs in Schwedisch für Einwanderer absolvieren. Aber viele Menschen, die Bürgerkriege oder andere traumatische Erlebnisse hinter sich haben, können nicht einfach anfangen, die Schulbank zu drücken und Vokabeln zu lernen. Ich glaube, zuerst muss man sich um die Seele kümmern. Diese Frauen müssen erst einmal zu sich kommen; erst wenn sie seelisch wieder Boden unter den Füßen haben, macht der Intensivsprachunterricht wirklich Sinn.

Wir fragen alle Frauen, die zu uns kommen, was sie können. Ich bin davon überzeugt, dass alle Menschen ihre Begabung haben; man muss sie nur entdecken. Solche Begabungen kann man zur Basis eines eigenen Unternehmens machen, wie bei Amin, die die Keimzelle unserer Bäckerei wurde. In Karlstadt haben wir die Reinigungsfirma „Connecting by cleaning“ gegründet, die inzwischen erfolgreich arbeitet. Hier bekommen Einwandererfrauen Arbeit als Raumpflegerinnen, gerade so, wie es unser Traum gewesen war. Bald soll es noch mehr blühende Unternehmen geben!

2015 verließ unser Teehaus das alte Verwaltungsgebäude und zog in neuere, geeignetere Räumlichkeiten um. In dem alten Gebäude war die Miete sehr hoch gewesen und die langen Treppen waren ein Problem für ältere und behinderte Besucher. Die neuen Räumlichkeiten sind nur ein weiterer Schritt auf dem Weg zum Ziel.

Auch in unserem neuen Teehaus gibt es Räumlichkeiten für kreatives Arbeiten. Viele unserer Frauen kommen bei der Handarbeit zur Ruhe und die schönen Sachen, die sie aus gespendeten Garnen und Stoffen herstellen, verkaufen wir auf unseren Basaren und Weihnachtsmärkten. Aber orientalisch Tee trinken kann man in dem Haus natürlich auch. Wer weiß, vielleicht kreiere ich eines Tages einen eigenen „Teehaus-Tee“; die Nachfrage nach so etwas ist groß.

Wir sind überglücklich, dass unsere Teehäuser weiterbestehen, nachdem wir Anfang 2014 stürmische Zeiten durchmachten, wegen des Vorwurfs angeblicher missionarischer Aktivitäten. Ich glaube, wir haben den Sturm deswegen erfolgreich überstanden, weil wir keine Geheimniskrämerei betrieben und jeden, der wollte, eingeladen haben, sich bei uns umzusehen. Mein einziges „Geheimprogramm“ ist die Liebe und das bezeugten die Frauen in unserem Teehaus den Reportern und Politikern, die es besuchten.

Die Menschen staunen über meine Energie und fragen sich, wie ich das alles schaffe. Nun, meine Kraftquelle und meine Waffe im Kampf gegen das Böse ist die Liebe. Es gibt so viel Not, und ich möchte das tun, was ich kann. Das ist alles. Es gab eine Zeit, da war ich darauf fixiert, mich mit Schusswaffen zu verteidigen. Ich bekämpfte Hass mit Gegenhass; eine andere Möglichkeit sah ich nicht. Doch seit ich Jesus kennengelernt habe, ist die Liebe meine Waffe.

Kapitel 31

Haus Sara – ein „sicheres Haus“

Ich habe oben schon erwähnt, dass ich 1995 mit den Kindern in ein Frauenhaus in Göteborg gekommen war, nachdem mein Bruder mich in meiner eigenen Küche schwer misshandelt hatte – aufgrund falscher Gerüchte und weil ich es gewagt hatte, seinen Lebensstil zu hinterfragen. In seinen Augen war ich eine Schande für die Familie, und er hatte die Aufgabe, die Ehre der Familie zu retten, indem er mich „bestrafte“. Er kam wegen Körperverletzung vor Gericht und verließ Schweden bald darauf.

Im Frauenhaus gab es niemanden, mit dem ich hätte reden können. Ich konnte nur gebrochen Schwedisch, und die anderen kein Kurdisch. Bereits damals wuchs in mir der Gedanke, eines Tages ein sicheres Haus für Immigrantinnen zu bauen. Wenn ich die Augen schloss, sah ich das Haus bereits vor mir. Es sah aus wie ein Mietshaus im Nahen Osten, sodass ich anfangs dachte, dass dieses Haus dort entstehen würde.

Im Jahr 2010 wollte die Stadtverwaltung von Karlskoga ein Mehrfamilienmietshaus abreißen. Ich erfuhr davon, weil ich damals in der Kommunalpolitik arbeitete. Ich verkündete dem Vorstand unseres Vereins Khatoon: „Das Haus müssen wir kaufen.“ Doch die anderen waren skeptisch: War das nicht eine Schuhnummer zu groß für uns? Neun Monate lang redeten und diskutierten wir.

Inzwischen wurde in das leer stehende Haus eingebrochen. Fenster, Toiletten, Türen – alles wurde demoliert, sogar die Wasserleitungen. Das Haus war eine bessere Ruine. Als der Khatoon-Vorstand das Projekt endlich absegnete, bekamen wir das Gebäude zu einem Spottpreis.

Als ich zum ersten Mal in unserem neu erworbenen „Domizil" stand, in einem Haufen Schutt und Glasscherben, dachte ich: „Worauf hast du dich da bloß eingelassen?" In dem Haus war alles kaputt, was nur kaputt sein konnte. Dann kam ein Reporter von der Zeitung *Karlskoga-Kurir*, um mich zu interviewen. Was hatten wir vor mit dieser Ruine? Misshandelten Frauen helfen, antwortete ich. Binnen einer Woche stand halb Karlskoga und Degerfors auf der Matte, mit Farben, Tapeten und Möbeln. Schreiner und Maler boten ihre ehrenamtlichen Dienste an. Ein Sternehotel in Stockholm rief mich an: „Können Sie Möbel gebrauchen?"

Und diese Solidarität ist geblieben. Wenn die Menschen etwas sehen, das echt ist, machen sie mit. Ich bin sehr dankbar für alles, was die Bürger von Karlskoga und Degerfors für mich und Haus Sara getan haben.

Nach ein paar Wochen quartierte das Sozialamt einer größeren Stadt eine Familie bei uns ein. Wir waren noch mitten im Renovieren; die Türen hatten noch nicht einmal Schlösser, sodass mein Mann in dem Haus schlafen musste.

Haus Sara ist ein „sicheres Haus". Hier wohnen Männer und Frauen, die Schutz vor Ehrengewalt brauchen oder anderweitig bedroht werden. Sie kommen aus ganz Schweden und werden von der Polizei, dem Sozialamt, manchmal sogar von schwedischen Botschaften zu uns vermittelt. Sie wohnen so lange bei uns, wie es nötig ist – die einen länger, die anderen kürzer. Manche warten auf neue Papiere und eine neue Identität, andere kehren in ihre alte Umgebung zurück.

Haus Sara ist auch im technischen Sinne ein „sicheres" Haus; wir haben eine halbe Million Kronen in solche Dinge wie Zaun, Alarmanlage und Sicherheitsschlösser investiert und das Sicherheitssiegel der Polizei bekommen. Die Zusammenarbeit mit der Polizei ist vorzüglich; sie kommt sofort, wenn wir anrufen. Es hat mehrere Entführungsversuche gegeben. Einmal wollte ein Mann seine Kinder aus dem Haus holen, ein anderes Mal mehrere Brüder ihre Schwester. Ich selbst habe wiederholt Drohungen erhalten. Aber ich weigere mich, der Angst nachzugeben; wer Angst hat, kann nicht leben.

Ein großer Wunsch von mir war, Pippi Langstrumpf in Haus Sara mit dabei zu haben. Heute gibt es im Kinderraum ein sehr schönes Gemälde von Pippi, das von einer russischen Künstlerin stammt, die einige Zeit bei uns gewohnt hat. Pippi ist ein Symbol für Mut und Selbstständigkeit. Sie wagt es, etwas zu tun gegen das, was sie für falsch und dumm hält. Sie ist ein gutes Vorbild für die Frauen, die in Haus Sara Schutz suchen.

Haus Sara ist ein Zufluchtsort nicht nur für Einwandererfrauen, sondern auch für Schwedinnen. Und nicht nur für Frauen, sondern auch für Männer, denn es gibt auch junge Männer, die Opfer von Ehrengewalt sind – zum Beispiel wenn sie ein Mädchen aus einer anderen Religion heiraten wollen. Wir haben auch schon junge Paare in Haus Sara gehabt. Die Entscheidung darüber, wer einen Platz in unserem Haus bekommt, treffen die Sozialämter und die Polizei.

Die Bewohner von Haus Sara – Erwachsene wie Kinder – können an Schwedischkursen teilnehmen, zu denen Lehrer auf ehrenamtlicher Basis ins Haus kommen. Sie bekommen auch Patenfamilien, denn wer vor seiner Verwandtschaft flüchten musste, ist sehr einsam. In Haus Sara knüpfen wir um jeden Bewohner ein Netz menschlicher Kontakte – eine positive Gruppenkultur anstelle der destruktiven, die er verlassen musste.

Heute gibt es in Haus Sara zwölf Dreizimmerwohnungen und eine behindertengerechte Zweizimmerwohnung. Insgesamt hat das Haus 43 Räume. Der Verein Khatoon hat heute 25 ehrenamtliche Mitarbeiter und 250 Mitglieder, die hinter der Arbeit in Haus Sara und im Teehaus stehen und den Dienst der Angestellten ergänzen.

Mit großzügiger Unterstützung einer schwedischen Bank konnten wir im Sommer einen kleinen Park mit

Schaukeln, Rutschbahnen und Klettergerüsten für die Kinder schaffen, die bei uns mit ihren Eltern hinter einem Sicherheitszaun leben müssen. Unser nächstes Projekt ist ein Obst- und Gemüsegarten, denn die heilende Wirkung, die Gartenarbeit auf traumatisierte Menschen ausüben kann, ist in der Forschung wohlbekannt.

Kapitel 32

Schamkultur und Ehrenkodex

Ich halte oft Vorträge über Ehrengewalt. Obwohl ja „Ehre“ und „Gewalt“ eigentlich nicht zusammenpassen. „Ehre“ – das ist ein edles, positives Wort. Ein ehrenhafter Mensch ist etwas Gutes. Vielleicht sollte man statt „Ehrenkultur“ lieber „Schamkultur“ sagen; das ist eine korrektere Beschreibung dessen, worum es hier geht.

Im Nahen Osten sind die Mütter und Töchter die Ehre der Familie, und dies sogar dann, wenn sie selbst keine Möglichkeit haben, diese Ehre zu verteidigen, etwa bei einer Vergewaltigung. Als ich im Irak ein Frauenprojekt leitete, saßen vergewaltigte Frauen im Gefängnis, während die Täter auf freiem Fuß waren. In einer Ehrenkultur ist an einer Vergewaltigung immer die Frau schuld; angeblich hat sie den Mann verführt.

Auch in meiner Heimat im Iran ist Ehre unerhört wichtig. Wer zu einer ehrenhaften Familie gehört, kann gute Geschäfte machen; die Menschen vertrauen ihm. Wenn ein Mensch mit Ehre zum Beispiel Gold kauft, zählt der Händler das Geld nicht nach; der Kunde ist ja ein Ehrenmann.

Für die Familien im Nahen Osten ist Ehre gleich Ansehen, und um gut angesehen zu sein, müssen die

Familienmitglieder den geltenden Wertekodex einhalten. Dies nicht zu tun und die in der Gruppe geltenden Grenzen zu überschreiten, ist ein schweres Vergehen, das psychische und physische Sanktionen nach sich zieht. Ob in den geschäftlichen oder den persönlichen Beziehungen – immer wieder geht es um die Ehre.

Die Ehre zu verletzen ist eine Schande und der Lohn der Schande ist der Ausschluss aus der Gruppe. Ich habe das am eigenen Leib erfahren; ich zahlte einen hohen Preis dafür, dass ich meinen eigenen Weg ging. Heute sehe ich das, was ich durchgemacht habe, als eine Schule und Lehre und als etwas, aus dem ich etwas Gutes erwachsen lassen kann.

In den Augen meiner Familie bin ich eine Riesenschande. Erst heiratete ich einen Mann, den sie nicht haben wollte, dann ließ ich mich scheiden, und um das Maß vollzumachen, heiratete ich schließlich einen schwedischen Mann, der Christ ist, ja wurde selber Christin. Und jetzt bin ich auch noch im Kampf gegen die Ehrengewalt engagiert. Schlimmer geht es nicht – in ihren Augen.

Es war auch eine Schande für meine Familie, als ich in Schweden als Hilfsschwester arbeitete; niemand aus meiner Verwandtschaft durfte das erfahren. Niemand half mir, als ich in Schweden in Not war und kein Geld hatte. Ich habe mein väterliches Erbe bis heute nicht bekommen und habe die Ländereien, die mir gehören, nicht verkaufen können. Das ist die „Strafe“ für mein „unehrenhaftes“ Leben. Erst jetzt, wo ich von der schwedischen Königsfamilie zum Dinner im Schloss eingeladen worden bin und in Fernseh- und Zeitungsinterviews auftauche, beginnt die Einstellung meiner Verwandten im Iran sich zu ändern.

Heute habe ich meinen Verwandten vergeben. Wäre ich verbittert geworden, hätte das nur meine Seele vergiftet. Ich halte nicht viel von Selbstmitleid. Ich bin davon überzeugt, dass alle Menschen eine mehr oder weniger große innere Energie besitzen, die sie durch Probleme hindurchtragen kann. Statt in die Selbstmitleidsfalle zu tappen, habe ich damals diese Energiequelle angezapft.

„Bilde dir nicht ein, dass du etwas Besonderes bist" – dieses Denken gibt es nicht nur in Europa, sondern in höchstem Grade auch in meiner alten Heimat. Aber Tatsache ist: Wir *sind* etwas Besonderes. Jeder von uns ist ein Original, ein Mensch, der Gaben hat, mit denen er anderen Menschen dienen kann. Und gemeinsam sind wir stark.

Der Ehrenkodex der Schamkultur ist ein Zwangskorsett aus Regeln: „Du musst um vier Uhr nachmittags von der Schule zu Hause sein. Du darfst nicht am Schwimm- und Sexualkundeunterricht teilnehmen. Du darfst keine schwedischen/deutschen/usw. Freunde haben."

Nach einer 2007 erschienenen Doktorarbeit leben in Schweden ca. 100.000 Mädchen und ca. 11 Prozent aller jungen Leute zwischen 14 und 18 mit einem solchen Ehrenkodex. 3 Prozent der Jungen und 10 Prozent der Mädchen geben an, mindestens acht Ehrenregeln befolgen zu müssen. Sie stehen damit unter einem erheblich höheren Anpassungsdruck als schwedische Kinder und Jugendliche. Dabei sind die Ehrenregeln für Jungen und Mädchen unterschiedlich.

70.000 schwedische Jugendliche und junge Erwachsene zwischen 17 und 25 Jahren geben an, sich ihren Ehepartner voraussichtlich nicht selbst wählen zu können. Tun sie es trotzdem, müssen sie damit rechnen, Opfer von Ehrengewalt zu werden.

Ehrengewalt ist ein Mittel zur Wiederherstellung der beschädigten Ehre der Familie. Sie kann psychische und physische Formen annehmen. Viele Ehemänner begnügen sich damit, ihre Frau zu bedrohen, aber der Übergang zum Schikanieren und Schlagen ist fließend. Viele Männer aus dem Nahen Osten lernen es schon als Kinder, dass sie für die Ehre ihrer Schwestern und ihrer Mutter zu sorgen haben: „Du bist für die Ehre der Frauen im Haus verantwortlich, auch wenn du jünger bist als sie. Die Ehre deiner Familie hängt an dir." Mit dem Ehrenmord an einem Verwandten demonstriert man der Gruppe, wer die Macht hat. Das Blut des Opfers wäscht die Schande ab.

Natürlich sind nicht alle Immigranten gleich, selbst wenn sie aus derselben Kultur kommen. Es gibt Männer, die in guten beruflichen Positionen sind und genügend gesundes Selbstbewusstsein haben, um ihren Frauen eine gewisse Freiheit zu lassen. Andere fühlen sich bedroht, wenn die Frau berufstätig ist und selbst

Geld verdient, und erst recht, wenn sie gewisse Freiheitsansprüche stellt und etwa fragt: „Kannst du dich abends um die Kinder kümmern, wenn ich im Sprachkurs bin?" Wo Rollen sich ändern, gibt es leicht Konflikte.

Weltweit werden jährlich etwa 5.000 Ehrenmorde verübt. Junge Mädchen werden von ihrer Herkunftsfamilie getötet, verheiratete Frauen von der Familie des Mannes.

In Schweden sind vor allem Mädchen und Frauen zwischen 15 und 25 Jahren von Ehrengewalt bedroht. Aber hier muss man sich die Frage stellen, was für Normen denn in Schweden gelten sollen. Seit den 1980er-Jahren hat die demografische Landschaft in Schweden sich stark verändert. Heute gibt es bei uns gut eine Million Menschen, die im Ausland geboren sind. Dazu kommen 800.000 Personen, die zwar in Schweden geboren sind, aber bei denen mindestens ein Elternteil aus dem Ausland kommt. Mithin hat jeder fünfte Bewohner Schwedens seine Wurzeln in einem anderen Land.

In vielen Einwandererfamilien haben Mütter und Töchter völlig unterschiedliche Weltbilder. Die jungen Leute leben buchstäblich in zwei Welten. In der Schule lernen sie, dass sie selbst über ihren Körper bestimmen und sich ihren Beruf und Lebenspartner wählen können. Das demokratische System in Schweden garantiert ihnen persönliche Freiheit. Aber zu Hause gelten ganz andere Gesetze; da hat ein Mädchen schön still und gehorsam zu sein und das zu tun, was der Vater, die Brüder und die Onkel sagen. Das Ergebnis ist ein ständiger kräftezehrender Konflikt. Nach meinen Vorträgen in Schulen kommen viele Mädchen zu mir und berichten, wie es ihnen zu Hause geht. Sie sind praktisch Sklavinnen der Familie – mitten in Schweden!

Die Menschen, die nach Schweden einwandern, kommen aus völlig unterschiedlichen Kulturen und Wertesystemen. Manche waren in ihrer alten Heimat selbstversorgende Bauern oder Hirten und vieles an der modernen europäischen Zivilisation ist ihnen völlig fremd. Bis auf die Mobiltelefone. Ich habe in den Bergen Kurdistans selbst Hirten gesehen, die ihr Handy dabeihatten. Auch das Fernsehen ist den meisten nicht unbekannt.

Manche Einwanderer haben eine hohe Bildung, andere sind nie in eine Schule gegangen und können nicht lesen und schreiben. Für sie ist der Kulturschock überwältigend; auf einmal sind sie in einem Land, in dem es für alles und jedes Maschinen und Automaten gibt, wo jeder in die Schule gegangen ist und wo eine Frau selbst über ihren Lebensweg bestimmt.

Um sich in dem neuen Land zurechtzufinden, brauchen alle Immigranten, nicht zuletzt auch die Frauen, die richtigen Werkzeuge. Das ist zuallererst das Erlernen der Sprache. Das Zweite sind Orte der Begegnung, wie zum Beispiel die Teehäuser in Karlskoga, Karlstad und Jönköping. Das Dritte ist die Aufklärung über die Rechte und Pflichten, die man in Schweden hat. Und viertens – auch das ist sehr wichtig – muss das Gastland es noch viel besser lernen, das Potenzial und die Fertigkeiten, die die Immigranten mitbringen, richtig zu nutzen.

Viele Einwanderer bringen ein Weltbild mit, das stark von der Religion geprägt ist. Manche kommen aus Ländern, in denen Allah alles sieht. Viele sind Fatalisten: Was kommt, kommt ... Das so oft zu hörende arabische *Inschallah* bedeutet ja: „Wie Allah will." Diese Menschen verbringen ihr Leben damit, auf das Jüngste Gericht zu warten. Was kommt nach dem Tod? Was, wenn ich in die Hölle komme?

In Schweden kann jeder glauben, was er will, aber der Glaube ist Privatsache; er darf nicht die Freiheit der Gesellschaft oder der Verwandten beeinträchtigen. Man darf niemanden zwingen, seine Religion zu wechseln. Oder in ihr zu bleiben.

Viele Einwanderer sind mit einer sehr strengen Moral aufgewachsen. Im Islam ist alles und jedes geregelt: So, und nicht anders, musst du es machen ... Es ist nur zu verständlich, dass die Begegnung mit dem schwedischen Weltbild da ein Kulturschock ist. In Schweden dreht sich alles um den Einzelnen. Jeder ist seines eigenen Glückes Schmied und hat auch moralisch Freiheit, und die offizielle Doktrin ist, dass alle Religionen gleich gut sind.

Ich bin der Meinung, dass alle Menschen nicht nur Rechte, sondern auch Pflichten brauchen, und das gilt auch für Immigranten. Wer schwedischer Bürger werden will, muss wissen, was in Schweden gilt – dass es dort zum Beispiel Rechte und Freiheiten gibt, die für Männer wie Frauen gleichermaßen gelten. Wir sind es unserem Land und unserer Freiheit schuldig, dass wir es von den Menschen, die zu uns kommen, verlangen, dass sie sich an die Werte und Regeln halten, die in unserem Land gelten.

Kapitel 33

Was kann man gegen Ehrengewalt tun?

Es fängt mit einem Gerücht an, mit Tratsch und Klatsch. Ein Verwandter sieht eine Frau in einem Café sitzen und verbreitet die Nachricht, dass sie dorthin geht, um sich einen anderen Mann zu suchen. Die Behauptung ist völlig aus der Luft gegriffen, aber das hilft nichts – der Stein ist ins Rollen gekommen.

Die eine Frau trägt die falschen Kleider, die andere hat die falschen Freundinnen, die dritte den falschen Freund, die vierte die falschen Zukunftspläne, die fünfte ist zu selbstständig. Was frau auch macht, es ist falsch.

Eine Ehefrau hat ihrem Mann zu gehorchen und ihre Töchter nach seinen Vorgaben zu erziehen. Wenn die Tochter nicht so wird, wie der Vater sich das vorgestellt hat, ist die Mutter schuld. Das ist der Grund, warum viele orientalische Mütter in der Erziehung ihrer Töchter genauso streng sind wie die Väter. In Schweden ist es vorgekommen, dass Mütter den Ehrenmord an ihren eigenen Töchtern angeordnet haben – um die Familienehre wiederherzustellen, die besagte Töchter beschmutzt hatten, weil sie sich zum Beispiel selbst ihren Ehemann gewählt hatten.

Was kann man tun gegen die Ehrengewalt?

Wenn ich eine misshandelte Ehefrau vor mir habe,

spreche ich immer als Erstes mit ihr über das, was sie erlebt hat. Manchmal weigert sie sich, ihren Mann anzuzeigen, und dann muss ich das akzeptieren. Ich versuche, sie dort abzuholen, wo sie ist. Irgendeine Lösung findet sich immer. Ich habe kein Recht, einer anderen Frau meinen Willen aufzuzwingen.

Die heutige schwedische Ehefrau hat hundert Jahre Frauenemanzipation in ihrem kulturellen Erbe. Bei vielen Migrantinnen ist das ganz anders; mit ihrer Ankunft in Schweden überspringen sie mit einem Satz diese hundert Jahre.

Viele Bürger scheuen sich, das Thema „Ehrengewalt" anzusprechen, um nicht als „Rassisten" verunglimpft zu werden. Ich bin selbst schon als Rassistin bezeichnet worden. Aber wir dürfen uns hier nicht mundtot machen lassen. Ehrengewalt gehört auf die Tagesordnung unserer Gesellschaft. Sie sollte unbedingt auch in der Schule thematisiert werden. Viele ältere Menschen lassen sich nicht mehr ändern, aber ich habe große Hoffnung für die Kinder. Es ist nicht nötig, dass sie auch so werden wie ihre Väter und Mütter. Wir müssen so früh wie möglich anfangen, ihnen die Regeln und Werte unserer Gesellschaft beizubringen.

Hier einige konkrete Vorschläge, was man gegen Ehrengewalt tun und wie man den Opfern helfen kann:

Schulen Sie alle Mitarbeiter in Pflege- und Lehrberufen im Thema „Ehrengewalt".

Setzen Sie sich gegen ethnisch getrennte Viertel und „Ghettos" ein.

Bestehen Sie auf Sprachkenntnissen.

Fordern und fördern Sie kulturelle Sensibilität.

Richten Sie ein Notruftelefon in möglichst vielen Sprachen ein.

Das Ziel ist eine Einstellungsveränderung, die in der nächsten Generation durchschlagen wird. Manchmal kommt mir dieser Einsatz vor wie ein Tropfen auf den heißen Stein, aber ohne den Tropfen könnte der Stein nie abkühlen. Irgendwo muss man anfangen.

Kapitel 34

Träume und Visionen

In der Welt, aus der ich komme, sind Träume und Visionen nichts Besonderes. Im Islam gibt es seit Langem die sufistische Tradition, die die unsichtbare Welt betont. Die heiligen Männer oder Derwische gehörten zu meiner Kindheit dazu.

Für mich war es ein richtiger Schock, als ich nach Europa kam und feststellte, dass es dort keinen Platz für das Mysterium und das Übernatürliche gibt. Oder überhaupt für Gott. Ich bin davon überzeugt, dass es in jedem Menschenherzen einen Raum für das Mysterium und für Gott gibt, und wenn man diesen Raum nicht mit dem füllt, wofür er gedacht ist, dann muss man ihn mit anderen Dingen füllen – zum Beispiel mit Sex oder Drogen.

Ein weiterer Schock für mich war es, zu sehen, wie die Menschen im ehemaligen christlichen Abendland, die nicht mehr an das Göttliche glauben, ihr Leben mit der Gier nach dem Materiellen füllen. Für mich ist der Glaube etwas ganz Einfaches; es geht darum, dass ich Gott wie ein Kind vertraue. Machen wir es nicht komplizierter, als es ist. Man kann sich Gott zum Beispiel dadurch nähern, dass man ein Licht anzündet. Er wartet ja nur darauf, dass wir zu ihm kommen.

Einige Zeit, nachdem ich Christin geworden war,

hatte ich einen Traum. Es war in der Christnacht des Jahres 1995. Ich hatte allein mit meinen beiden Kindern Heiligabend gefeiert und den ganzen Tag lang einen dicken Kloß im Hals gehabt, den ich tapfer zu schlucken versuchte. Es war schön gewesen mit uns dreien, aber wie gerne hätte ich den Heiligen Abend zusammen mit anderen gefeiert.

Als die Kinder im Bett waren, fing ich an zu beten. Ich weiß nicht mehr, wie lange ich gebetet hatte, aber plötzlich spürte ich am ganzen Körper etwas wie einen elektrischen Strom. Dann kamen Worte aus meinem Mund, die ich noch nie gehört hatte. Es war wunderbar; ich hätte ewig so beten können.

Ich dachte: „Bist du das wirklich, Gott? Wenn ja, dann lass es in meinem Finger brennen, ohne dass ich die Kerze berühre."

Plötzlich brannte es so heftig in meinem Finger, dass ich aufschrie. Ich musste aufspringen und den Finger unter dem Kaltwasserhahn abspülen. Und ich hörte Gottes Stimme: „Versuche mich nicht auf diese Weise."

Die Kinder wachten auf und kamen und fragten mich, was los war. Ich brachte sie wieder ins Bett und betete weiter. Ich redete also in Zungen. Ich wusste, dass man das so nannte; ich kannte das zweite Kapitel der Apostelgeschichte.

Irgendwann legte ich mich ins Bett. Nach ein paar Stunden wurde ich von einem starken Licht mitten in meinem Zimmer wach. Ich spürte, dass da jemand war, aber das Gesicht konnte ich nicht sehen. Aber es musste eine Frau sein; ich sah ihr tiefblaues Samtkleid. Dann spürte ich ihre Finger auf meiner Stirn; sie zeichneten ein Kreuz.

Ich bin sicher, dass dies Maria, die Mutter Jesu, war. Für die schiitischen Muslime, unter denen ich aufwuchs, bedeutet Maria viel. Sie ist jemand, zu dem man beten kann, und hat im Koran ein eigenes Kapitel, die 19. Sure. Im obersten Stockwerk unseres Teehauses hat eine Künstlerin nach den Angaben aus meinem Traum ein Bild gemalt, das eine Frau in einem blauen Gewand zeigt. Wenn ich dieses Bild sehe, erinnere ich mich an jene Christnacht, wo Maria mich tröstete.

Viele Jahre danach begegnete meine ältere Schwester Jesus. Auch hier spielten Träume eine große Rolle. Meine Schwester war lange Kommunistin und strikt gegen alles gewesen, was mit Religion zu tun hatte. Jedes Mal, wenn ich ihr etwas über Jesus sagen wollte, verschloss sie sich, aber ich gab die Hoffnung nicht auf, eines Tages zu ihr durchzudringen. Nun, eines Morgens las mein Mann, Kjell, in der Bibel. Er zeigte mir, was er da gerade las – die Geschichte von Jesus und der blutflüssigen Frau im Markusevangelium:

Unter den Leuten war auch eine Frau, die seit zwölf Jahren an schweren Blutungen litt.

Sie war bei vielen Ärzten in Behandlung gewesen und hatte dabei viel gelitten und ihr gesamtes Ver-

mögen ausgegeben, aber es hatte nichts genützt; im Gegenteil, ihr Leiden war nur noch schlimmer geworden.

Diese Frau hatte von Jesus gehört. Nun drängte sie sich in der Menge von hinten an ihn heran und berührte sein Gewand, denn sie sagte sich: „Wenn ich auch nur sein Gewand berühre, werde ich gesund."

Und wirklich, im selben Augenblick hörte ihre Blutung auf, und sie spürte, dass sie von ihrem Leiden geheilt war.

Im selben Augenblick merkte auch Jesus, dass eine Kraft von ihm ausgegangen war. Er drehte sich um und fragte die Leute: Wer hat mein Gewand berührt?

Seine Jünger erwiderten: „Du siehst doch, wie sich die Menschen um dich drängen, und da fragst du: ‚Wer hat mich berührt?'"

Aber Jesus blickte in der Menge umher, um zu sehen, wer es gewesen war.

Zitternd vor Angst trat die Frau vor; sie wusste ja, was mit ihr geschehen war. Sie warf sich vor Jesus nieder und erzählte ihm alles, ohne etwas zu verschweigen.

„Meine Tochter", sagte Jesus zu ihr, „dein Glaube hat dich gerettet. Geh in Frieden! Du bist von deinem Leiden geheilt" (Markus 5,25-34).

Diese Geschichte war ihm plötzlich irgendwie wichtig geworden. Wir unterhielten uns ein paar Minuten darüber. Dann klingelte das Telefon. Es war mein Bruder aus dem Ausland, der mich fragte, ob ich wusste, wie schlecht es meiner älteren Schwester ging. „Wenn du sie noch einmal sehen und dich von ihr verabschieden willst, bevor sie stirbt, solltest du das bald tun."

Unsere Schwester war plötzlich schwer erkrankt. Sie hatte Nierenversagen und starke Blutungen. Mein Bruder, der Arzt ist, hatte sich Kopien ihrer Krankenakte aus dem Iran kommen lassen. Er sagte, dass sie nach Meinung der iranischen Ärzte nur noch ein paar Tage zu leben hatte. Zu allem Unglück war auch noch gerade das Aschura-Fest, und die Intensivstationen der Krankenhäuser waren geschlossen. Mit anderen Worten: Meine Schwester lag zu Hause und verblutete langsam. Mir wurde anders zumute. Ich wählte die Nummer meiner Schwester.

Sie nahm ab. Ihre Stimme war ganz schwach. Ich sagte: „Du musst Jesus annehmen. Nur er kann dir helfen."

Nach vielem Hin und Her nahm sie tatsächlich Jesus in ihr Leben auf. Ich las ein Übergabegebet, das sie mir nachsprach. Dann kam mein Mann, die Bibel in der Hand, und bat mich, meiner Schwester die Geschichte mit der blutflüssigen Frau, die Jesus geheilt hatte, vorzulesen. Ich las, wir wünschten einander Gottes Segen und ich legte auf. Im weiteren Laufe des Tages beteten wir wiederholt für meine Schwester. Wir baten auch andere Christen, für sie zu beten.

Am nächsten Morgen weckte uns das Klingeln des Telefons. Ich nahm schlaftrunken den Hörer. Es war meine Schwester, die rief: „Masih [der Messias] ist bei mir gewesen!"

Sie war ganz aufgeregt und es dauerte etwas, bis ich aus ihrem Wortschwall klug wurde, aber dann begriff ich, was geschehen war: Mitten in der Nacht war sie wach geworden, weil ihr kleiner Sohn weinte. Da sie aufgrund ihrer Schmerzen nicht mehr gehen konnte, war sie buchstäblich in sein Zimmer gekrochen, um nach ihm zu sehen. Als sie zurück zu ihrem Zimmer kroch, sah sie, dass es dort ganz hell war. Sie hob ihren Blick. Das ganze Zimmer war von Licht durchflutet und in dem Licht stand Jesus. Sie traute sich nicht, ihm ins Gesicht zu schauen; sie sah nur seine Sandalen mit den Zehriemen und das blaue Gewand. Und mit zitternden Händen tat sie das, was die Frau im Markusevangelium getan hatte: Sie berührte das Gewand Jesu – und war augenblicklich gesund!

Seitdem sind mehrere Jahre vergangen und meine Schwester ist nach wie vor gesund, dank der Liebe und Kraft von Jesus, dem Messias. Ihre Begegnung mit ihm demonstriert, dass er eine Realität ist. Er ist da, er lebt, auch heute. Noch heute besucht Jesus diese Erde, um Menschen in Not zu helfen. Ich glaube es und ich habe es erfahren: Er kann die, die ihn suchen, heilen!

Doch die Begegnung meiner Schwester mit Jesus zeigt noch mehr. Sie zeigt, wie der Himmel uns Frauen sieht. Vor Gott sind wir nicht Sklaven, sondern Menschen. Bei ihm gibt es wahrhaftig kein Ansehen der Person! Für ihn gibt es keine halben Menschen, sondern sein Sohn ist sich nicht zu schade, die Seligkeit im Himmel zu verlassen, um einer todkranken Frau im Iran Heilung und ein neues Leben zu schenken.

Für Jesus sind alle Menschen gleich viel wert. Sie sind es ihm alle wert, dass er für sie gestorben ist und zu ihnen kommt und ihnen neues Leben gibt. Für mich ist Jesus keine Religion; ich hasse Religion. Jesus ist die Liebe selber. Und ich hoffe und bete, dass ich ein Stückchen von dieser unerhörten Liebe an die Menschen in meinem Leben weitergeben kann.

Stimmen aus dem Teehaus und aus Haus Sara

Meine erste Begegnung mit dem Teehaus war ein reiner Schnupperbesuch. Ich bin von Beruf Lehrerin und habe lange Jahre Immigranten unterrichtet. Nach diesem ersten Besuch fand ich, dass ich hier mitmachen sollte. Es waren noch zwei Jahre bis zu meiner Pensionierung, aber ich nahm mir vor, gleich anschließend ehrenamtliche Mitarbeiterin zu werden. Und das tat ich auch; ich fing an, in Haus Sara Schwedischkurse zu geben. Ich genoss diese Kurse. Die Schüler waren voller Motivation, sie wollten wirklich Schwedisch lernen. Viele hatten es nicht leicht im Leben und ich hatte den Eindruck, etwas wirklich Nützliches zu tun.

Soheilas Einstellung gegenüber den Menschen prägt das ganze Teehaus. Hier kann man sich immer wohlfühlen.

Zurzeit gehe ich im Teehaus in einen persischen Teppichknüpfkurs, mit Wolle und Seide. Das ist mal etwas ganz anderes. Es geht nicht schnell, ich schaffe am Tag fünf oder sechs Reihen, aber es macht mir großen Spaß.

Elisabeth Westerlund

Ich bin seit sechs Jahren in Schweden. Im Iran hatte ich einen Teppichhandel; zwanzig Jahre meines Lebens habe ich mit Teppichen gearbeitet. Als ich nach Schweden kam, lernte ich erst einmal gründlich die Sprache. Ich hatte vor, später in der Computerbranche zu arbeiten oder auch in der Pflege.

Über das Arbeitsamt und das Erwachsenenbildungswerk Eductus kam ich ins Teehaus. Das war vor acht Monaten. Jetzt sieht es so aus, als ob ich dort eine Anstellung bekomme – fantastisch! Hier herrscht ein guter Geist, alle sind freundlich und nett zueinander. Es ist nicht so wie bei anderen Arbeitsplätzen, die ich erlebt habe, wo die Leute große Probleme miteinander hatten.

Ich gebe Kurse in Teppichknüpfen und habe auch etliche Teppiche importiert. Ich habe noch viele Kontakte in meiner alten Heimat, die jetzt dem Teehaus zugutekommen.

Mojahed Kianpour

Ich bin seit acht Monaten Praktikantin im Teehaus. Jetzt sieht es so aus, als ob ich eine Anstellung bekomme. Ich mache alles Mögliche, von Putzen über die Mahlzeiten bis zur Betreuung des Trödelmarkts. Wir sind hier wie eine große Familie, und für mich ist das Teehaus wie ein Zuhause. Hier redet man nur Gutes übereinander.

Fatma Razhu

Als ich ins Teehaus kam, war ich seit dem Jahr 2005 arbeitsunfähig geschrieben. Dann wurde ich wieder gesund, sodass ich heute wieder 100 Prozent arbeiten kann. Das ist ein richtiges Wunder.

Ich bin 45 und seit 20 Jahren in Schweden. Ich komme ursprünglich aus dem Iran, wo ich mit 12 Jahren verheiratet wurde und mit 15 mein erstes Kind bekam. In Schweden habe ich ein Café geführt, und eine Zeit lang hatte ich eine eigene Firma.

Aber dann kam die Krankheit, die mich immer mehr einschränkte. Ich war schließlich ganz von Schmerztabletten abhängig. In der schlimmsten Phase schluckte ich pro Tag 18 oder 19 verschiedene Tabletten und zitterte so sehr, dass ich nicht einmal meinen Namen schreiben konnte.

Zeitweise fiel ich in tiefe Depressionslöcher. Als mein jüngstes Kind, das heute sechs ist, ein Baby war, war ich so krank, dass ich dem Mädchen eines Tages die Windel aus Versehen um den Kopf legte; fast wäre es erstickt …

Durch das Teehaus ist alles anders geworden. Ich habe mein Leben zurückbekommen. Als ich das erste Mal da war, fragte Soheila mich, was ich kann. Ich sagte, dass ich gerne bastele. Sie erwiderte, dass ich das gerne machen könnte, denn das Teehaus hatte einen kleinen Bastelraum. Ich dachte: „Ich versuche mal, mit Perlen Muster zu legen." Als ich auf die Uhr schaute, waren 20 Minuten vergangen. Ich war so glücklich, dass ich wie ein kleines Mädchen zu Soheila rannte, um ihr mein Erfolgserlebnis zu berichten. An diesem Tag bekam ich meine Kraft zurück, und seitdem ist es immer besser geworden. Inzwischen bin ich im Teehaus angestellt. Ich habe den Bastelraum unter mir und kümmere mich um die Praktikantinnen, die das Arbeitsamt und die Sozialversicherung uns schicken.

Was mein Leben verändert hat, war Soheila – ihre Liebe, ihre Unterstützung, ihre ganze Art. Es gibt in Schweden viele Frauen, denen es so geht wie mir früher, und ich freue mich, dass ich denen, die ins Teehaus kommen, helfen kann.

Als meine Gesundheit wiederhergestellt war, fing ich an, bei den Renovierungsarbeiten im Teehaus mitzuhelfen. Im obersten Stockwerk habe ich den Flur mit der Schwammtechnik gestrichen und in der Küche ein Wandmosaik gefertigt. Ich, die ich so schwach gewesen war, dass ich nicht einmal mehr ein Glas Wasser halten oder meinen Namen schreiben konnte.

Zahra Shabani

Meine Praktikantenzeit im Teehaus ist das Beste, was ich je erlebt habe. Im März 2013 wurde ich vom Sozialamt ausgesteuert, nachdem ich zehn Jahre lang, seit meinem 36. Lebensjahr, krankgeschrieben gewesen war. Davor hatte ich 16 Jahre lang in der Kinderfürsorge gearbeitet und fünf Jahre in der Altenpflege. Mein Ruin war ein Bandscheibenvorfall nebst einem Schleudertrauma; dazu kam eine posttraumatische Belastungsstörung nach einer Operation, bei der ich beinahe gestorben wäre.

Das Teehaus lernte ich durch einen Informationsbesuch während eines Kurses der Volkshochschule Karlskoga kennen. Ich spürte die menschliche Wärme in diesem Haus geradezu körperlich. Und als es hieß, dass ich ein Praktikum machen sollte, sagte ich, dass ich ins Teehaus wollte.

Und siehe da, ich hatte recht gehabt. Die Herzlichkeit und Wärme im Teehaus sind so groß, dass sie auch für mich reichen. Hier sind ganz wunderbare Menschen. Und die Ruhe, die ich so brauche. „Deine Seele muss zur Ruhe kommen", sagt Soheila und das stimmt. Ich habe mein ganzes Leben lang mein Kindheitstrauma mit mir herumgeschleppt – wie ich als Kleinkind im Kinderheim buchstäblich am Bett festgeschnallt war. Als ich zwei Jahre alt war, holten mich meine Adoptiveltern dort heraus.

Seit ich im Teehaus bin, bin ich viel zufriedener, ja manchmal richtig glücklich. Ich schlafe auch nachts besser. Endlich kann ich wieder hoffen.

Helena Ollinen

Als ich vor einem Jahr als Praktikantin ins Teehaus kam, war ich seit zehn Jahren wegen Fibromyalgie und Rückenproblemen krankgeschrieben. Niemand hatte mir etwas bieten können, womit ich zurechtkam. Als ich das erste Mal krankgeschrieben wurde, war ich ganze 26 Jahre alt.

Kaum war ich durch die Tür, spürte ich die Atmosphäre des Teehauses – diese Ruhe und Wärme. Es dauerte etwas, bis ich den richtigen Platz für mich gefunden hatte. Ich probierte den Trödelmarkt und das Café aus, bis ich schließlich im Bastelraum landete; dort war ich so abgelenkt, dass ich meine Schmerzen nicht mehr spürte. Heute bin ich offiziell wieder zu 25 Prozent arbeitsfähig. Wahrscheinlich wird es noch besser werden, und ich hoffe, hier im Teehaus eine Anstellung zu bekommen. Denn hier will ich sein; die Menschen hier sind so freundlich, wir sind wie eine Familie. Hier gibt es so viel Liebe, und man wird gefordert, aber nicht überfordert.

Lena Wulf

Ich bin vor zwei Jahren aus dem Libanon nach Schweden gekommen. Ich war noch nie berufstätig gewesen, sondern Hausfrau und Mutter. Ich bin als Praktikantin im Teehaus und mache dies und das, aber vor allem koche ich.

Soheila ist die beste Chefin, die man sich denken kann. Sie ist riesig nett. Man kann mit seinen Problemen zu ihr kommen und sie hört zu und versteht einen. Wir sind hier wie eine Familie, und obendrein lerne ich noch Schwedisch.

Prishany Onsel

Ich habe Soheila über die Politik kennengelernt. Wir waren beide bei den schwedischen Christdemokraten engagiert. Ich mache vor allem in Haus Sara mit, das mir sehr am Herzen liegt. Alle Menschen haben das Recht auf ein Leben in Würde und brauchen Achtung und Rücksichtnahme.

Anfangs ging es in Haus Sara vor allem ums Renovieren. Zusammen mit vielen anderen habe ich gestrichen, Möbel abgeholt und Kleider sortiert. Ich arbeitete 20 Jahre in der Versicherungsbranche, bis ich vor 13 Jahren nicht mehr konnte. Über meine alten Kontakte bekamen wir kostenlos Feuerlöscher für Haus Sara.

Heute arbeite ich so viel mit, wie ich kann. Inzwischen gibt es ja in Haus Sara Diplomsozialwirte und einen fest angestellten Hausmeister; das war früher nicht so. Manchmal brauchen die Bewohner von Haus Sara jemanden, der sie zum Migrationsamt fährt oder beim Bezahlen von Rechnungen hilft; da springe ich dann ein. Ich habe auch bei mehreren Hochzeiten mitgeholfen; das mit der Ehrengewalt trifft ja nicht nur Mädchen und Frauen, sondern auch junge Männer, die sich in das falsche Mädchen verlieben.

Was ist der Lohn meiner Arbeit? Dass ich miterleben darf, wie kaputte, verängstigte, deprimierte Frauen so verwandelt werden, dass sie nach acht, neun Monaten Haus Sara erhobenen Hauptes und mit konkreten Zukunftsplänen wieder verlassen können.

Anneth Ståhl

Ich bin meistens im Teehaus, aber hin und wieder auch in Haus Sara. Meine Hauptaufgabe ist es, eine moralische Stütze für die zu sein, die kommen. Ich habe eine besondere Antenne für die Gefühle der Menschen; „Empathie“ nennen die Experten das, glaube ich. Wenn jemand kommt, der sich elend fühlt, drücke ich mich ein bisschen fester an ihn, und dann geht es ihm gleich besser.

Ich liege oft im Flur des Teehauses und wer will, darf mich gerne streicheln. Ich mag es, gestreichelt zu werden.

Vor einiger Zeit habe ich glatt einen Orden bekommen. Jemand vom Arbeitsamt, der zu Besuch kam, hat ihn mir höchstpersönlich um den Hals gehängt. Ich bekam den Orden, weil ich der große Stimmungsaufheller für so viele bin, die ins Teehaus kommen. Es war ein richtig schöner Tag, denn der Orden war zwar außen aus Gold, aber innen drin aus Schokolade!

Bobo Fors, Hund (Border-Collie), 9 Jahre alt

Wir wohnen jetzt seit vier Monaten in Haus Sara. Erst kam es uns wie ein Gefängnis vor, wegen der Gitter an den Fenstern. Aber wir hatten keine andere Wahl. Wir mussten fliehen, nachdem mein Bruder verlangte, dass wir unsere 12 bzw. 15 Jahre alten Töchter verheirateten.

Mein Bruder half uns, nach Schweden zu kommen und wir stehen in seiner Schuld. Jetzt sah er in unseren Töchtern eine Gelegenheit, sich etwas von dem Geld zurückzuholen. Aber wir wollten unsere Töchter nicht verkuppeln. Wir sind nach Schweden gekommen, damit alle unsere Kinder – auch die Mädchen – etwas Ordentliches lernen und selbst ihr Leben gestalten können.

Mein Bruder hatte auch angefangen, sich in die Erziehung unserer Jungen einzumischen und sie zu schlagen – oder, vielleicht genauer gesagt, sie zu misshandeln. In unserer Kultur nehmen viele Onkel sich das Recht heraus, die Kinder ihrer Brüder mitzuerziehen. Aber Kinder zu schlagen, das halte ich nicht für richtig.

Es wurde immer schlimmer. Ich wandte mich schließlich an die zuständige Stelle im Rathaus, die fand, dass wir besser in ein sicheres Haus gingen. Wir flüchteten buchstäblich aus unserer Wohnung; wir konnten fast nichts mitnehmen. Unsere Verwandtschaft weiß nicht, in welcher Stadt wir jetzt wohnen.

Alle unsere Kinder gehen jetzt in die Schule und ich habe mir eine Arbeit gesucht. Meine Frau hat hier im Haus ausgeholfen und wird demnächst einen Schwedischkurs machen.

Wir sind heilfroh, dass es so etwas wie Haus Sara gibt. Wir sind hier so gut aufgenommen worden, dass es wie eine neue Familie ist. Soheila hat uns solch eine Liebe erwiesen. Sie sagt, dass ich ein guter Vater bin, der seine Kinder schützen will. Dass sie das von mir denkt, bedeutet mir viel.

Wenn ich abends nach Hause komme, schaue ich,

bevor ich die Gartentür aufschließe, immer erst kurz über meine Schulter, um sicherzugehen, dass mir niemand gefolgt ist. Erst wenn ich hinter dem hohen Zaun bin, fühle ich mich sicher. Da drinnen haben wir ein schönes Zuhause.

Ali Shahin (Name geändert)

Ali Husnain/J. Chester

Der Preis meines Glaubens

Leben im Visier der Islamisten

272 Seiten
ISBN Taschenbuch 978-3-7655-4308-1
ISBN E-Book 978-3-7655-7469-6

Ali wächst in einer hochgeachteten Familie in Pakistan auf. Doch dann begegnet er Jesus und trifft eine gefährliche Entscheidung: Als Teenager verlässt Ali den Islam und wird Christ. Er wechselt von einem Versteck zum nächsten. Doch der Arm seiner Verfolger reicht selbst bis nach Europa ...